Orofaziale Dysfunktionen
im Kindesalter

Forum Logopädie

Herausgegeben von Luise Springer
und Dietlinde Schrey-Dern

Georg Thieme Verlag Stuttgart · New York

Orofaziale Dysfunktionen im Kindesalter

Grundlagen, Klinik, Ätiologie, Diagnostik und Therapie

Wolfgang Bigenzahn

unter Mitarbeit von Lydia Fischman, Vevi Hahn, Elisabeth Hammerle, Barbara Lleras, Lisa Müller und Eva Piehslinger

52 Abbildungen, 10 Tabellen

1995
Georg Thieme Verlag Stuttgart · New York

Die Deutsche Bibliothek – CIP-Einheitsaufnahme

Bigenzahn, Wolfgang:
Orofaziale Dysfunktionen im Kindesalter : Grundlagen, Klinik, Ätiologie, Diagnostik und Therapie ; 10 Tabellen / Wolfgang Bigenzahn. Unter Mitarb. von Lydia Fischman ...
– Stuttgart ; New York : Thieme, 1995
(Forum Logopädie)

Rüdigerstraße 14, D-70469 Stuttgart
Printed in Germany
Satz und Druck: Gulde-Druck GmbH, D-72070 Tübingen
gesetzt auf Apple Macintosh Quadra 950

ISBN 3-13-100591-2 1 2 3 4 5 6

Geleitwort

Es ist für mich eine große Ehre, das Geleitwort für das vorliegende Buch schreiben zu dürfen. Ich tue dies um so lieber, weil ich als seit Jahrzehnten aktiver Phoniater die Entwicklung der Phoniatrie und der Logopädie im europäischen und außereuropäischen Raum aufmerksam verfolgen konnte.

Die genannten Fachgebiete haben in den letzten 30 Jahren eine Entwicklung durchgemacht, welche kaum jemand erwartet hatte. Im Zeitalter der Kommunikation ist es jedoch verständlich, daß man sich um so mehr mit den Kommunikationsstörungen beschäftigt. So sind auch die lange Zeit vernachlässigten „Myofunktionellen Störungen der Orofazialregion" immer mehr beachtet worden und stellen heute einen großen Aufgabenbereich in der Phoniatrie, Kieferorthopädie, Orthodontie, Gnathologie und in der Logopädie dar.

Frau L. Springer, Frau D. Schrey-Dern und dem Thieme-Verlag ist es zu danken, daß in der Reihe „Forum Logopädie" ein Band diesem Problemkreis gewidmet wird. Der Phoniater und HNO-Arzt W. Bigenzahn, einer der profiliertesten Kenner dieser Materie, hat in eindrucksvoller didaktischer Form die orofazialen Problembereiche durchleuchtet und dafür bedeutende Fachvertreterinnen aus dem mitteleuropäischen Raum zur Mitarbeit gewonnen.

Auffallend und wesentlich an diesem Buch ist die Einheitlichkeit: Die einzelnen Beiträge wurden bewußt nicht in Autorenkapitel gegliedert, sondern in das Gesamtkonzept eingearbeitet. Damit wurde die Notwendigkeit der Zusammenarbeit zwischen den einzelnen Fachbereichen und deren gegenseitige Abhängigkeit besonders verdeutlicht.

Dieses Buch war vor allem deshalb notwendig, weil in den Jahren seit Garliner erstmalig ein Phoniater den Problembereich orofazialer Dysfunktionen durchleuchtet, dessen therapeutischen Aufgabenbereich bisher zahlreiche Fachfremde und Laien aus verschiedenen Überlegungen übernommen hatten.

Die Diagnose und die Therapie orofazialer Funktionsstörungen sind nur scheinbar einfach, in Wahrheit aber aufwendig und kompliziert. Das Buch ist trotzdem leicht faßlich geschrieben, einerseits um den Leser nicht zu ermüden und andererseits um zum Lesen anzuregen. Und das ist Bigenzahn gelungen. Damit soll aber nicht gesagt sein, daß hier alles abgehandelt wird, was mit den orofazialen Funktionsstörungen zu tun hat. Der interessierte Leser wird gerade deshalb die aufgezeigten Problembereiche weiter verfolgen.

Dieses Buch ist nicht nur für jene gedacht, welche bereits ihren Beruf als Phoniater, Kieferorthopäden, Orthodonten, Gnathologen oder Logopäden ausüben, sondern auch für die Studierenden dieser Fachrichtungen.

Dieser phoniatrisch-logopädische Beitrag hat in der deutschsprachigen Fachliteratur bisher gefehlt.

Wien, im Sommer 1995 F. Frank

Vorwort der Herausgeberinnen

Die Entwicklung in der Diagnostik und Therapie orofazialer Dysfunktionen läßt sich an einer Vielzahl unterschiedlicher Veröffentlichungen zu diesem Thema in den vergangenen Jahren ablesen. Bereits 1974 stellte D. Garliner in „Myofunctional Therapy in Dental Practice" die Grundlagen myofunktioneller Therapie dar, wie sie ca. 20 Jahre später in Deutschland aufgegriffen worden sind. Dementsprechend hat die Diagnostik und Therapie orofazialer Dysfunktionen im angloamerikanischen Raum eine ganz andere wissenschaftliche und therapeutische Tradition aufzuweisen.

Die Bedeutung orofazialer Dysfunktionen und die Notwendigkeit einer interdisziplinären Diagnostik und logopädischen Therapie wird nicht nur in der Forschung und Praxis, sondern auch in der Ausbildung gesehen. So ist die „Myofunktionelle Therapie" in das aktuelle Curriculum für die Ausbildung zum Logopäden/zur Logopädin integriert worden.

Das Buch vermittelt sowohl die medizinischen als auch die logopädischen Grundlagen und eignet sich somit zur Einarbeitung in diesen Therapiebereich. Wesentliche Zielsetzung ist es, den Zusammenhang zwischen den anamnestisch-diagnostischen Daten und den sich daraus ableitenden Therapieansätzen zu verdeutlichen.

Alle geschilderten Therapiekonzepte gehen auf mehrjährige praktische Erfahrungen der Verfasserinnen zurück. Grundsätzlich lassen sich zwei Ansätze unterscheiden, die in der vorliegenden Veröffentlichung dargestellt werden: (spiel)therapeutische und übungsorientierte Verfahren.

Mit dem Heidelberger Gruppenkonzept für myofunktionelle Störungen (GRUMS) werden Kinder ab dem 4. Lebensjahr behandelt. Im Gegensatz zur klassischen Therapie nach Garliner werden die Kinder ohne Schlucktraining behandelt. Kindliche Bedürfnisse werden in spezifischer Weise berücksichtigt, d.h. Spaß und Motivation stellen wesentliche Ausgangspunkte der Therapie dar.

Die von E. Hammerle konzipierte LOOFT-Therapie bezieht sich auf Vorschul- und Schulkinder, wobei methodisch zwischen den unterschiedlichen Altersgruppen und den allgemeinen motorischen Fähigkeiten der Kinder differenziert wird und die Übungsanteile noch stärker gewichtet werden als bei GRUMS.

Das Wiener Konzept ist ausschließlich für Kinder im Schulalter ausgearbeitet worden und basiert auf der MFT nach Garliner, der neurophysiologischen Bewegungstherapie nach Bobath und dem myotherapeutischen Training nach Padovan. Auch hier stehen die Übungsanteile, vor allem das selbständige „Training" im Vordergrund der therapeutischen Bemühungen.

Die Besonderheit des vorliegenden Buches liegt darin, daß das Thema aus interdisziplinärer Sicht dargestellt wird und sich sowohl an Ärzte (HNO-Ärzte, Phoniater, Kieferorthopäden, Zahnärzte, Pädiater) als auch an die verschiedenen sprachtherapeutischen Berufsgruppen wendet.

Luise Springer
Aachen, im Sommer 1995 — Dietlinde Schrey-Dern

Anschriften

Bigenzahn, Wolfgang, Univ. Doz., Dr. med., Dr. phil.
Oberarzt und stv. Leiter der Klinischen Abteilung Phoniatrie-Logopädie der Univ. HNO-Klinik Wien, ärztlicher und wissenschaftlicher stv. Leiter der Akademie für den logopädisch-phoniatrisch-audiologischen Dienst am AKH der Stadt Wien
Währinger Gürtel 18–20
A-1090 Wien

Fischman, Lydia, dipl. Logopädin
Vortragende an der Akademie für den logopädisch-phoniatrisch-audiologischen Dienst am AKH der Stadt Wien und in freier Praxis
Lazarettgasse 14, A-1090 Wien

Hahn, Vevi, Dr. phil.
Sprachheilpädagogin und Muskelfunktionstherapeutin in freier Praxis
Steinkirchnerstr. 28, 81475 München

Hammerle, Elisabeth, dipl. Logopädin
Vortragende an der Akademie für den logopädisch-phoniatrisch-audiologischen Dienst am Ausbildungszentrum West der TILAK Innsbruck
Anichstr. 35, A-6020 Innsbruck

Lleras, Barbara, Logopädin
Phoniatrisch-Pädaudiologisches Zentrum der Stiftung Rehabilitation in Heidelberg
Ludwig-Guttmann-Str. 25
69123 Heidelberg

Müller, Lisa, Logopädin
Phoniatrisch-Pädaudiologisches Zentrum der Stiftung Rehabilitation in Heidelberg
Ludwig-Guttmann-Str. 25
69123 Heidelberg

Piehslinger, Eva, Dr. med.
Oberärztin an der Univ. Klinik für Zahn-, Mund- und Kieferheilkunde Wien, Prothetische Abteilung, Vortragende an der Akademie für den logopädisch-phoniatrisch-audiologischen Dienst am AKH der Stadt Wien
Währinger Str. 25a, A-1090 Wien

Schrey-Dern, Dietlinde
Lehranstalt für Logopädie an der Medizinischen Fakultät der Rhein.-Westf. Techn. Hochschule
Pauwelsstr. 30, 52074 Aachen

Springer, Luise
Leitende Logopädin, Lehranstalt für Logopädie an der Medizinischen Fakultät der Rhein.-Westf. Techn. Hochschule
Pauwelsstr. 30, 52074 Aachen

Inhaltsverzeichnis

Einführung in die medizinischen Grundlagen

Ende des vorigen Jahrhunderts begann man sich in Europa und Nordamerika wissenschaftlich mit dem Kauorgan, der Zahnreihenokklusion und den orofazialen Funktionsabläufen zu beschäftigen. 1899 beschrieb und klassifizierte E. H. Angle verschiedene Malokklusionen und wies auf kieferorthopädische Behandlungsprobleme bei Tongue thrust (Zungenpressen) und Mundatmung hin.

1912 sah M. Nadoleczny erstmals einen funktionellen Zusammenhang zwischen falscher Zungenlage, Schlaffheit der Zungenmuskulatur, falscher Zungenbewegung und der Entstehung von Zahn- und Kieferanomalien sowie der gestörten /s/ -Bildung. E. Fröschels beschrieb 1914 in seinem Beitrag über die Beziehung der Stomatologie zur Logopädie die Abnormitäten der Artikulationsorgane und die jeweils assoziierten Lautbildungsstörungen.

In den letzten Jahrzehnten wurde das stomatognathe System immer mehr als funktionelle Einheit erkannt, und es wurden ursächliche Zusammenhänge zwischen der Morphologie der oralen Strukturen und der Funktion der umgebenden Weichteile aufgezeigt. Form und Funktion stehen dabei in einer fein abgestimmten Wechselbeziehung der gegenseitigen Beeinflussung (Abb. **1**).

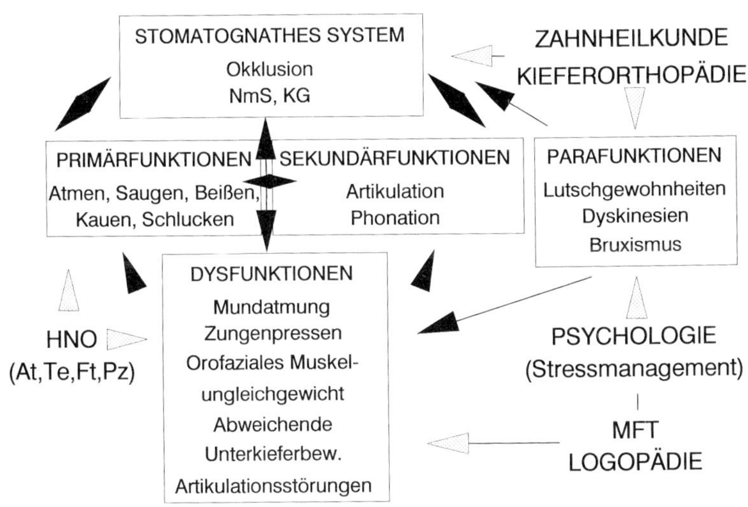

Abb. **1** Wechselbeziehungen im stomatognathen System. Beziehungen (▲) und Wechselbeziehungen (◆) im stomatognathen System zwischen Primärfunktionen, Sekundärfunktionen, Dysfunktionen und Parafunktionen sowie mögliche therapeutische Maßnahmen (△) (NmS-Neuromuskuläres System; KG-Kiefergelenk; HNO-Hals-Nasen-Ohrenheilkunde: At-Adenotomie, Te-Tonsillektomie, Ft-Frenulotomie, Pz-Parazentese; MFT-Myofunktionelle Therapie).

Durch Größen- und Formveränderungen der Strukturen im Ansatzrohr werden einerseits die Primärfunktionen (Atmen, Saugen, Beißen, Kauen, Schlucken) und die Sekundärfunktionen (Artikulation, Phonation) beeinflußt; andererseits beeinflussen abweichende Bewegungsmuster der Kaumuskeln, der mimischen Muskeln und der Zunge die Form des Mundraums sowie die Zahn- und Kieferstellung.

Zu den für die Phoniatire wichtigsten Dysfunktionen zählen:

- Mundatmung,
- Zungenpressen,
- orofaziales Muskelungleichgewicht,
- abweichende Unterkieferbewegungen,
- Störungen der Artikulation.

Parafunktionale Aktivitäten wie z. B. Lutschgewohnheiten (Habits), Zähneknirschen (Bruxismus) und Dyskinesien (Lippenbeißen, -saugen, u. a.) begünstigen die Entstehung von orofazialen Dysfunktionen.

Orofaziales System

Generell umfaßt das orofaziale System die anatomischen Strukturen des Ansatzrohres. Das sind in der phoniatrischen Terminologie alle lufthaltigen Räume oberhalb der Glottis, die an der Lautbildung beteiligt sind.

Den anatomischen Strukturen entsprechend besteht das Ansatzrohr aus starren Anteilen (Nase, Nasennebenhöhlen), deren Volumen nur durch verschiedene Schwellungszustände der sie auskleidenden Schleimhaut variiert, und in Volumen und Form veränderlichen Anteilen (Mundhöhle, Rachen, Kehlkopf).

Nase, Nasennebenhöhlen

Das pyramidenförmige Nasengerüst hat einen knöchernen und knorpeligen Anteil; es ist außen von Haut überzogen. Im Inneren wird die Nase durch eine mediane Scheidewand (Septum nasi) in eine rechte und linke Nasenhöhle unterteilt. Diese beginnen vorne mit den Nasenlöchern und gehen über die Choanen in den Nasen-Rachen-Raum über. Von der seitlichen Nasenwand entspringen drei mit Schleimhaut überzogene Leisten (Nasenmuscheln), welche die Nasenhöhle in drei Nasengänge unterteilen. In diese münden die Nasennebenhöhlen und der Tränengang.

Im Bereich der oberen Nasenmuscheln und des Nasendachs befindet sich die Riechregion (Riechschleimhaut). Als Teil des Ansatzrohres dient die Nase vor allem für die Nasallaute /m/ /n/ und /ŋ/ als Resonanzraum.

Die Nasennebenhöhlen (Kieferhöhlen, Siebbeinzellen, Stirnhöhle, Keilbeinhöhle) sind mit Schleimhaut ausgekleidete Hohlräume im Schädelskelett und der Nase assoziiert. Ihre Entwicklung verläuft altersabhängig; sie variieren sowohl in der Form als auch in der Größe.

Mundhöhle

Die Mundhöhle liegt zwischen Mundboden, Gaumen und Zahnreihen bzw. Wangen; sie wird nach hinten vom Zungengrund und weichen Gaumen begrenzt. Durch die Alveolarfortsätze des Unter- und Oberkiefers und Zahnreihen wird der *Mundvorhof* (Vestibulum oris) getrennt, dessen vordere Begrenzung die Lippen sind.

Die Mundhöhle dient der Aufbereitung der Speisen. Durch das Kauen werden die Speisen zerkleinert, mit dem Sekret der großen und kleinen Speicheldrüsen eingespeichelt und zum Teil vorverdaut. In ihr ist der Sitz der Geschmacksempfindung. Die aufgenommenen Speisen werden chemisch kontrolliert und die Speichel- und Magensaftproduktion reflektorisch angeregt.

Als Resonanzraum beeinflußt die Mundhöhle durch ihre variable Form und Größe die Klangfarbe der Töne und Artikulation.

Lippen

Die Lippen sind durch ringförmige Muskulatur stark verformbare Falten, die außen von Haut einschließlich Haaren, Talg- und Schweißdrüsen und innen von Schleimhaut überzogen sind. Die Mundwinkel verbinden Ober- und Unterlippe. Am Lippenrot lassen gefäßreiche Bindegewebspapillen das Blut durchscheinen. Blasse Lippen weisen auf Blutarmut, blaue auf Herz- und Kreislauferkrankungen hin. Die Lippen sind für Saugen, Kauen, Blasen, Pfeifen u. a. sowie in sprachlicher Hinsicht für die bilabiale und labiodentale Lautbildung von Bedeutung.

Zunge

Die Zunge ist ein von Schleimhaut überzogener Muskelkörper, der bei geschlossenem Mund vorne dem harten Gaumen anliegt und mit dem Zungengrund bis zum Kehldeckel reicht. Sie wird vom XII. Hirnnerven (N. hypoglossus) motorisch inner-

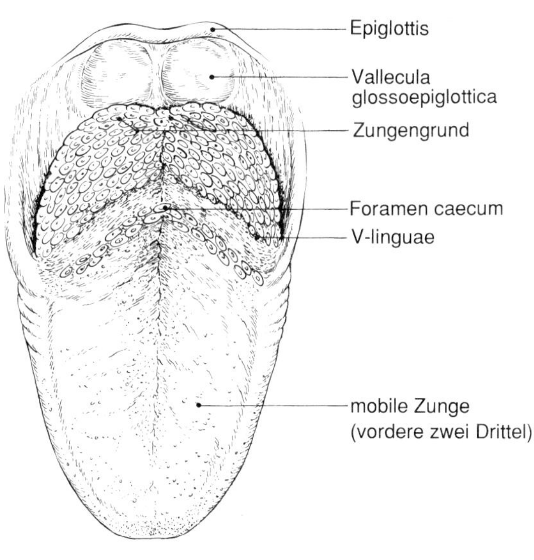

Abb. **2** Anatomie der Zunge.

viert. Die Zungenpapillen geben der Schleimhautoberfläche in den vorderen zwei Dritteln und der freibeweglichen Zungenspitze das charakteristische Aussehen und enthalten die Geschmacksknopsen für die Geschmacksempfindungen süß, salzig, sauer und bitter.

Die Zungenschleimhaut ist ebenso Rezeptor für Tast-, Schmerz- und Temperaturempfindungen. Die quergestreifte Muskulatur ermöglicht eine große Zungenbeweglichkeit, die neben Kau- und Schluckfunktionen als motorischem Element auch der Vokalmodulation und Konsonantbildung dient.

An der Zungenunterfläche zieht eine Schleimhautfalte als sog. Zungenbändchen (Frenulum linguae) zum Mundboden.

Gebiß

Kindliches Gebiß. Es enthält 20 Milchzähne, je Kieferhälfte
- 2 Schneidezähne,
- 1 Eckzahn,
- 2 sog. Milchmolaren,

die eine eigene Zahnform darstellen und Platzhalterfunktion für die bleibenden Prämolaren ausüben.

In der Regel beginnt der Durchbruch der Milchzähne im 6.–8. Lebensmonat und sollte bis zum 3. Lebensjahr abgeschlossen sein.

Bleibendes Gebiß. Es umfaßt 32 Zähne (Dentes permanentes):
- Schneidezähne (Dentes incisivi),
- 4 Eckzähne (Dentes canini),
- 8 Vormahlzähne (Dentes praemolares),
- 12 Mahlzähne (Dentes molares).

Gaumen (Abb. **3**)

Harter Gaumen. Er bildet vorn das Dach der Mundhöhle.

Weicher Gaumen. Auch Gaumensegel (Velum palatinum) genannt, schließt er an den harten Gaumen an und ist eine von Schleimhaut überzogene bewegliche Muskelplatte, die im frei beweglichen Zäpfchen (Uvula) endet. Seitlich steht das Gaumensegel über den vorderen und hinteren Gaumenbogen mit der Zunge und der Rachenwand in Verbindung. Zwischen den Gaumenbögen liegen im Tonsillenbett die Gaumenmandeln (Tonsilla palatina). Beim Kind dienen diese dem Aufbau des Immunsystems.

Das Gaumensegel ist nicht nur am Atmen, Saugen, Schlucken, Niesen und bei der Belüftung der Tuben (Eustachische Röhre) beteiligt, es beeinflußt auch wesentlich die Klang- und Lautbildung. Sowohl beim Schlucken als auch bei der Bildung der Orallaute schließt es durch Anheben den Mund-Rachen- vom Nasen-Rachen-Raum ab.

Rachen

Der Rachen (Pharynx) wird in drei Etagen unterteilt (Abb. **4**):
- Nasenrachen (Epipharynx, Nasopharynx),
- Mundrachen (Mesopharynx, Oropharynx),
- Kehlrachen (Hypopharynx).

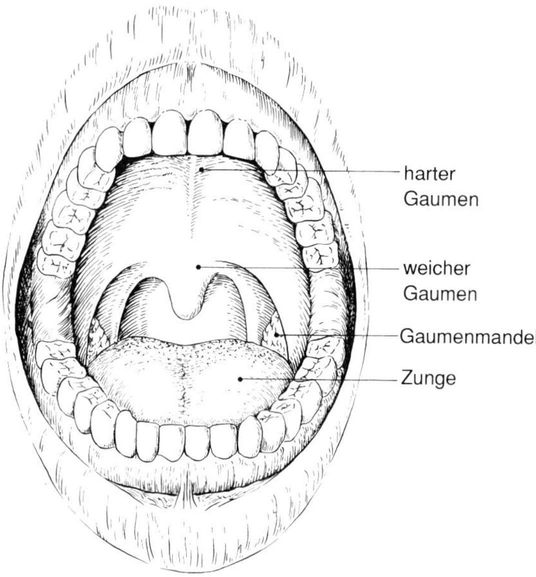

Abb. **3** Mundhöhle bei geöffnetem Mund.

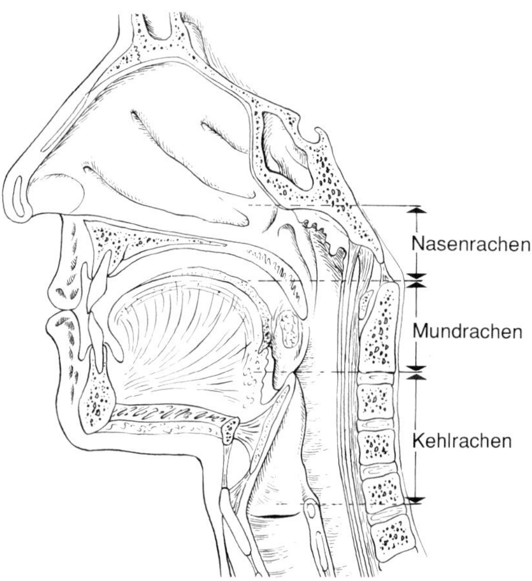

Abb. **4** Unterteilung des Rachenraums.

Nasenrachen

Der Nasen-Rachen-Raum (Epipharynx) wird vorn durch die Choanen, oben durch das Rachendach, welches nach hinten in die Rachenhinterwand übergeht, und seitlich hauptsächlich durch die Tubenwülste mit den Eingängen in die Ohrtrompete begrenzt.

Nach unten bildet die Grenze zum Mesopharynx das Gaumensegel. Am Dach des Nasenrachens befindet sich die Rachenmandel. Beim Schlucken und Gähnen erfolgt die Belüftung der Mittelohrräume über die Eustachische Röhre. Eine Vergrößerung der Rachenmandel (adenoide Vegetationen: Wucherungen, „Polypen") führt durch Verlegung der Choanen und Tubeneingänge einerseits zu behinderter Nasenatmung und andererseits zu den bekannten Ohrerkrankungen im Kindesalter:
- Tubenfunktionsstörungen (mit gestörtem Druckausgleich),
- Tubenmittelohrkatarrh,
- akute und chronische Mittelohrentzündung.

Führen konservative Behandlungsmethoden, z. B. abschwellende Nasentropfen, Gabe von Antihistaminika, zu keinem merklichen Erfolg, muß die Rachenmandel operativ entfernt werden (Adenotomie, Adenoidektomie).

Mundrachen

Der Mundrachen (Mesopharynx, Oropharynx) erstreckt sich von der Uvula bis zum Oberrand der Epiglottis und ist im oberen Anteil direkt einsehbar. Der untere Bereich kann über den Kehlkopfspiegel (indirekte Laryngoskopie) eingesehen werden. Zum Mundrachen gehören die vorderen und hinteren Gaumenbögen mit den dazwischen liegenden Gaumenmandeln, Teile des Zungengrundes und die Valleculae.

Nach vorn hin am Übergang zur Mundhöhle finden sich Organstrukturen der III. Artikulationszone (Gaumensegel, Zäpfchen, Zungenrücken).

Kehlrachen

Der Kehlrachen (Hypopharynx) ist im wesentlichen ein von Schleimhaut ausgekleideter Muskelschlauch und der Wirbelsäule vorgelagert. Im unteren Anteil geht er hinter dem Kehlkopf in die Speiseröhre über. In seinem oberen Anteil kreuzen sich der Speise- und Atemweg. Als mobiler Muskelschlauch dient der Kehlrachen der Weiterbeförderung des Speisebreis und als Teil des Ansatzrohres der Resonanzbildung.

Kehlkopf

Dem anatomischen Aufbau entsprechend besteht der Kehrkopf (Larynx) aus Knorpelgerüst, Bandapparat, Muskulatur und Schleimhaut (Abb. **5**).

Knorpelgerüst

Das Knorpelgerüst setzt sich zusammen aus:
- Cartilago thyroidea (Thyroid). Schildknorpel mit Schildknorpelplatten und oberen und unteren Schildknorpelhörnern,
- Cartilago cricoidea (Cricoid). Ringknorpel, siegelringähnlich mit der Platte nach hinten,
- Cartilago arytaenoidea (Aryknorpel). Stellknorpel, pyramidenförmig mit dreieckiger Grundfläche,
- Epiglottis, Kehldeckel,
- Os hyoideum (Hyoid), Zungenbein, Knochenspange oberhalb des Kehlkopfes, über den Halteapparat mit diesem verbunden.

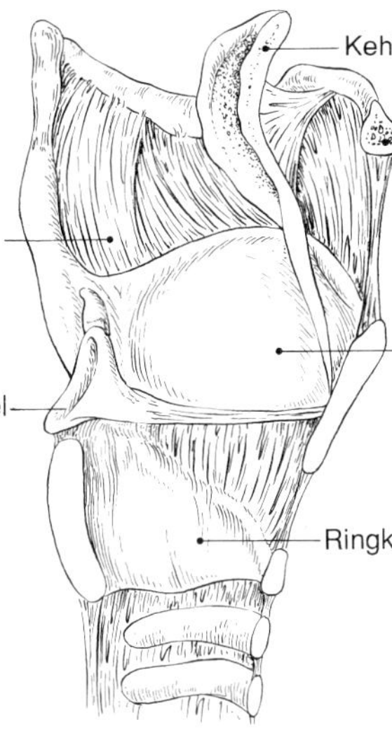

Abb. **5** Kehlkopfgerüst von innen.

Schild- und Ringknorpel sind seitlich über die unteren Schildknorpelhörner gelenkig verbunden. Die Stellknorpel, deren Gelenke Kipp- und Drehbewegung sowie seitliche Verschiebung erlauben, sind mit der Ringknorpelplatte verbunden. Der Kehldeckel ist mit seiner unten gelegenen Spitze an der Innenseite des Schildknorpels bindegewebig befestigt.

Bandapparat

Der Bandapparat dient einerseits als Stütz- und Halteapparat, andererseits sind seine elastischen Anteile für die Schwingungsvorgänge bei der Stimmerzeugung von Bedeutung. Er besteht aus:
- Membrana cricohyoidea, Bindegewebsmembran zwischen Zungenbein und Schildknorpel,
- Ligamentum vocale, elastische Bindegewebsfasern in den Stimmlippen,
- Conus elasticus, Verbindung von der Luftröhre zu den Stimmlippen,
- elastisches Bindegewebsmaterial in den Taschenfalten und zwischen Schild- und Ringknorpel u. a.

Muskulatur

Die *äußere Kehlkopfmuskulatur* dient der Hebung, Senkung und Fixierung des Kehlkopfes, die *innere Kehlkopfmuskulatur* bewirkt Spannungs- und Stellungsänderungen der Stimmlippen. Man unterscheidet drei Muskelgruppen.

Stimmritzenschließer. (M. cricoarytaenoideus lateralis (M. lateralis). Drehbewegung der Aryknorpel nach innen und dadurch Annäherung der vorderen Stimmlippenanteile.

M. interarytaenoideus (M. transversus). Annäherung der Aryknorpel, daraus resultiert der Verschluß des hinteren Glottisdrittels.

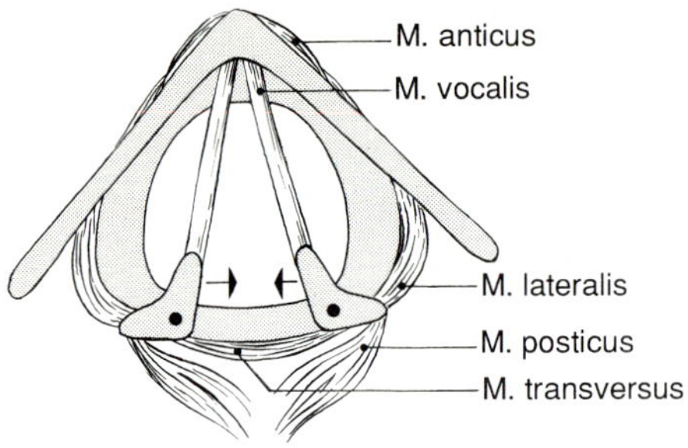

Abb. **6** Innere Kehlkopfmuskulatur.

Stimmritzenöffner. M. cricoarytaenoideus posterior (M. posticus). Außenrotation der Aryknorpel, wodurch die Stimmritze geöffnet wird.

Stimmlippenspanner. M. thyroarytaenoideus, Pars interna (M. vocalis). Muskulärer Bestandteil der Stimmlippe, Änderung des Spannungszustands der Stimmlippen über isometrische und isotonische Kontraktionen.

M. cricothyroideus (M. anticus). Grobspannung der Stimmlippen durch Kippbewegungen von Schild- und Ringknorpel zueinander.

Muskelfasern in den Taschenfalten.

Die *inneren Kehlkopfmuskeln* werden vom N. laryngeus inferior (N. recurrens, Ast des N. vagus = X. Hirnnerv) motorisch innerviert. Nur der M. cricothyroideus (M. anticus) wird vom N. laryngeus superior, ebenfalls aus dem N. vagus, versorgt (Abb. **6**).

Schleimhaut

Der Kehlkopf ist zum Großteil mit respiratorischer Schleimhaut ausgekleidet, lediglich die Stimmlippen weisen einen Plattenepithelüberzug auf.

Der Schleimhautüberzug verleiht dem Kehlkopf sein charakteristisches Aussehen.

Die Stimmritze (Glottis) ist der Raum zwischen den Stimmlippen. Sie ist in der Respirationsstellung geöffnet, in der Phonationsstellung durch das Aneinanderliegen der Stimmlippen geschlossen (Abb. **7**).

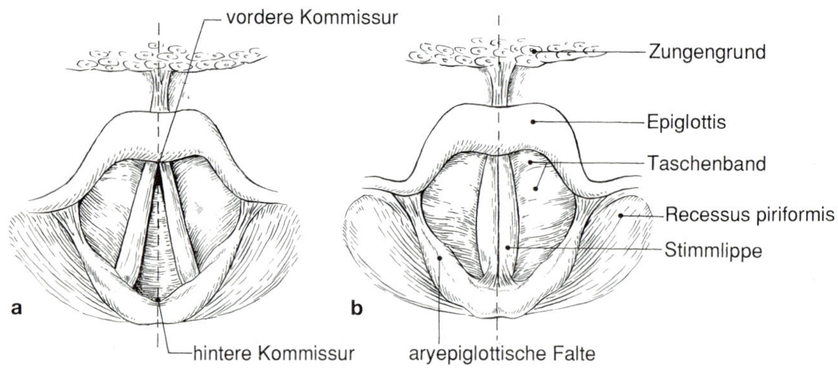

Abb. **7** Kehlkopf in Respirations- (**a**) und Phonationsstellung (**b**).

Funktionen

Schutz der Luftwege. Da der Speiseweg den Luftweg kreuzt, wird der Kehlkopf beim Schluckakt reflektorisch verschlossen.

Dieser Verschluß erfolgt durch Hebung des Kehlkopfes unter die Zungenwurzel, Abdeckung durch die Epiglottis und Verschluß des Kehlkopfes durch Aneinanderlegen der aryepiglottischen Falten, der Taschenbänder sowie der Stimmlippen.

Eingedrungene Fremdkörper lösen bei Berührung der Kehlkopfschleimhaut reflektorische Hustenstöße aus.

Stimmerzeugung. Nach der myoelastisch-aerodynamischen Theorie der Stimmerzeugung werden die Stimmlippen durch das Anblasen mit Atemluft in Schwingung versetzt. Der Anblasedruck löst den Verschluß der Stimmlippen, worauf es subglottisch zu einem Druckabfall kommt. Danach überwiegen die elastisch-muskulären Kräfte, und die Stimmlippen schließen sich. Durch den steigenden subglottischen Druck wird dieser Verschluß wieder gelöst. Es entstehen auf diese Weise regelmäßige Stimmlippenschwingungen, die den primären Kehlkopfton erzeugen. Durch seine Modulation im Ansatzrohr entsteht daraus das obertonreiche Klangprodukt „Stimme".

Aufgaben des Ansatzrohres

Neben lebenserhaltenden physiologischen Aufgaben der Atmung und Nahrungsaufnahme besitzt das Ansatzrohr unspezifische Funktionen für die nicht sprachliche Kommunikation (bestimmte Formen orofazialer Mimik und Gestik) und eine spezifische Funktion für die Phonation und Artikulation.

Bei der Lautbildung wirken die Sprechorgane eng zusammen. Das Sprechen erfolgt über im Laufe der Hirnreifung erlernte Bewegungsmuster, die das koordinierte Zusammenspiel mehrerer Muskel erfordern. Diese Bewegungsmuster werden vom motorischen Kortex beider Hemisphären ausgelöst, über die Pyramidenbahn an die Hirnstammkerne weitergeleitet und durch eine transkortikale Rückkoppelungsschleife in ihrer Ausführung kontrolliert.

Taktile und propriozeptive Informationen aus den Sprechorganen gelangen über aufsteigende sensible Bahnen zum Thalamus und zum somatosensiblen Kortex. Von dort erreicht die sensible Rückmeldung direkt und indirekt über den prämotorischen Kortex wieder die kortikalen motorischen Regionen der Sprechorgane. Verständliches und präzises Sprechen ist somit ein komplexer erlernter Bewegungsablauf, der die Intaktheit des für die Motorik zuständigen neuronalen Netzwerks aus Hirnrinde, Stammganglien, Thalamus und Kleinhirn zur Voraussetzung hat.

Bildung von Vokalen. Der primäre Kehlkopfton wird resonatorisch überformt, d. h. er erhält eine eindeutige und für einen bestimmten Vokal typische Klangstruktur. Diese ist von der Einstellung der Artikulatoren (Lippen, Zunge, Unterkiefer und Gaumensegel) abhängig. Nicht die Organe unmittelbar bilden den Vokal, sondern der durch sie in der Mundhöhle geformte Luftraum.

Die Einteilung der Vokale erfolgt entweder nach dem Öffnungszustand, z. B. entspricht der Vokal /a/ dem größten Öffnungsgrad der Artikulatoren. Die geringste Öffnung weist das /i/ auf, oder nach der Lokalisation im Ansatzrohr, d. h. nach dem Ort, an dem die größte Annäherung der Zunge an den Gaumen erfolgt.

Bildung von Konsonanten. Sie entsteht dadurch, daß an verschiedenen Stellen des Ansatzrohres Hemmstellen (sog. sekundäre Schallquellen) für den Luftstrom geschaffen werden. Diese bestehen im physikalischen Sinn entweder aus Geräuschen

Tabelle **1** Einteilung der Konsonanten (stimmlose/stimmhafte) nach Artikulationszonen.

I		II		III	
	m		n		ŋ
p	b	t	d	k	g
f	v	s	z	ç	j
		ʃ	r	x	
			l		R

(stimmlose Konsonanten) oder aus Klanggemischen, die sich aus dem laryngealen Stimmklang und den Artikulationsgeräuschen ergeben (stimmhafte Konsonanten). In der deutschen Sprache gibt es 21 Konsonanten.

Für die Klassifizierung hat sich eine organ- und funktionsbezogene Einteilung nach Artikulationszonen bewährt: Die 1. Artikulationszone umfaßt die bilabialen und labiodentalen Konsonanten, die 2. Artikulationszone die dentalen und alveolaren Konsonanten, und die 3. Artikulationszone schließt die palatalen, velaren und uvularen Konsonanten ein (Tab. **1**).

Orofaziale Muskulatur

Aus funktioneller Sicht läßt sich die orofaziale Muskulatur in einen *äußeren* und *inneren* Funktionskreis gliedern.

Voraussetzungen für eine Okklusion sind, daß der äußere Funktionskreis (mimische Muskulatur, Kaumuskulatur) und der innere Funktionskreis (Zunge, Mundbodenmuskulatur, Gaumensegelmuskulatur) im Gleichgewicht, d. h. im funktionellen Angepaßtsein stehen. Treten Fehlfunktionen des äußeren oder inneren Funktionskreises auf, so kommt es über die Wechselbeziehung zwischen Hart- und Weichgewebe zu Formabweichungen im stomatognathen System.

Muskeln des äußeren Funktionskreises (Abb. **8**)

Mimische Muskulatur

Die mimische Muskulatur entstammt der Muskulatur des zweiten Kiemenbogens und umfaßt 23 muskuläre Funktionseinheiten, die flächenhaft die Öffnungen des Kopfes umgeben und deren Form und Größe beeinflußen. Ihre Funktion setzt sofort nach der Geburt ein und stellt eine wichtige kommunikative Ausdruckshilfe für körperliche und seelische Empfindungen dar. Die Innervation erfolgt durch den N. facialis (VII. Hirnnerv).

Man unterteilt die mimische Muskulatur in

- Muskulatur im Bereich der Mundöffnung: M. orbicularis oris (Ringmuskel des Mundes),
- M. levator labii superioris et alaeque nasi (Heber der Oberlippe und des Nasenflügels),

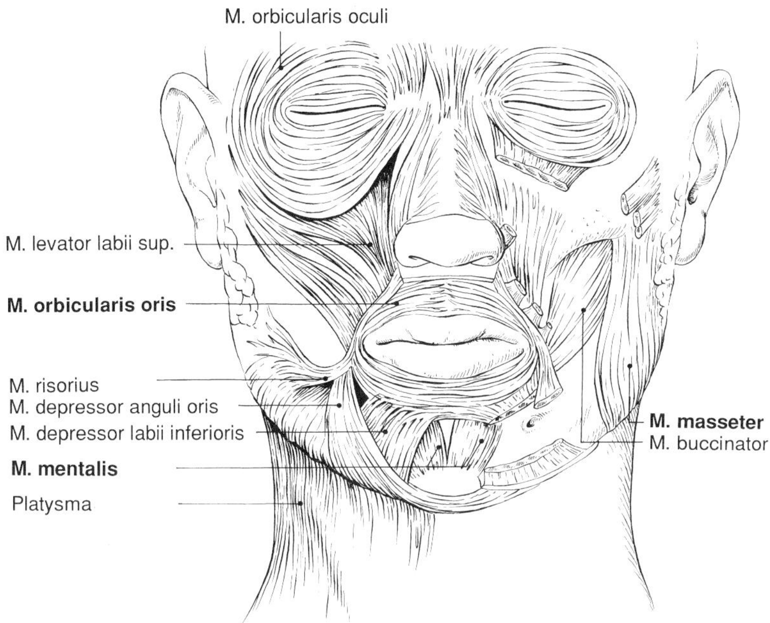

Abb. **8** Muskeln des äußeren Funktionskreises: mimische Muskulatur und Kaumuskeln.

- M. levator labii superioris (Oberlippenheber),
- M. levator anguli oris (Mundwinkelheber),
- M. zygomaticus major et minor (Jochbeinmuskel),
- M. buccinator (Backen-, Trompetenmuskel),
- M. risorius (Lachmuskel),
- M. depressor anguli oris (Mundwinkelsenker),
- M. mentalis (Kinnmuskel),
- Platysma (Hautmuskel des Halses),
- Muskulatur im Nasenbereich: M. nasalis (Nasenmuskel),
- Muskulatur im Bereich der Lidspalte: M. orbicularis oculi (Ringmuskel des Auges),
- Muskulatur im Bereich des Schädeldaches: M. occipitofrontalis (Hinterhaupts- und Stirnmuskel).

Mundmuskulatur

M. orbicularis oris. Der Ringmuskel des Mundes bildet die muskuläre Grundlage der Lippe. Seine Fasern ordnen sich elliptisch um die Mundöffnung an. Die oberen und unteren Fasern überkreuzen sich im Bereich der Mundwinkel, einige Fasern strahlen in den M. buccinator ein.

Die Lippen üben eine zentripedale Kraft auf die Zahnbögen aus und ermöglichen vielfältige Bewegungen, wie sie u. a. für das Saugen, Blasen, Pfeifen sowie für die bilabiale und labiodentale Lautbildung nötig sind. In entspannter Ruhelage haben die Lippen Kontakt und stellen den vorderen Mundschluß her. Form, Haltung,

Tonus und Beweglichkeit der Lippen müssen bei jeder Untersuchung geprüft und beurteilt werden.

M. buccinator. Der Backen- oder Trompetenmuskel bildet die Grundlage der Wange und formt die seitlichen Wände der Mundhöhle. Zusammen mit dem M. orbicularis oris verkleinert er den Mundvorhof (Vestibulum oris) und hält die Nahrung zwischen den Zähnen. Am Schluckvorgang ist der Backenmuskel nicht beteiligt.

M. mentalis. Der Kinnmuskel wirkt indirekt auf die Mundmuskeln, in dem er die Unterlippe hoch- und vorschiebt. Bei kompensatorischer Überaktivität zieht er die Kinnhaut zu einem „Grübchen" ein.

Kaumuskulatur

Die Kaumuskeln bewegen den Unterkiefer gegen den Oberkiefer und werden dabei von der Mundbodenmuskulatur unterstützt (Abb. **8**). Als Muskeln des ersten Kiemenbogens werden sie vom N. trigeminus (V. Hirnnerv) versorgt.

Man unterteilt die Kaumuskulatur in

- M. temporalis (Schläfenbeinmuskel),
- M. masseter (Kaumuskel mit oberflächlichem und tiefem Anteil),
- M. pterygoideus medialis et lateralis (Flügelmuskel mit oberem und unterem Anteil (Abb. **9**).

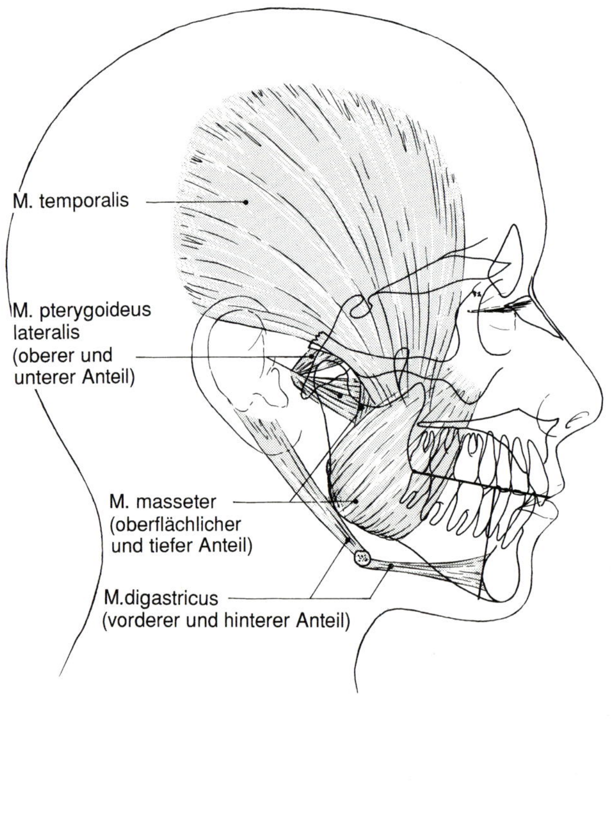

Abb. **9** Schädelseitenansicht mit Kaumuskeln.

Die großen Kaumuskeln (M. temporalis, M. masseter) sind zusammen mit dem medialen Flügelmuskel Unterkieferheber.

Der oberflächliche Anteil des M. masseter kann als Wulst nahe dem Kieferwinkel getastet und in seiner Aktivität beurteilt werden. Er ist für die Funktion des Abbeißens im Frontzahnbereich und des Zermahlens der Nahrung im Seitzahnbereich hauptverantwortlich.

Muskeln des inneren Funktionskreises

Zunge

Im Mittelpunkt des orofazialen Systems steht die Zunge. Als hochsensibles Organ dient sie neben der Artikulation den Kau- und Schluckfunktionen sowie der Geschmacks-, Tast-, Schmerz- und Temperaturempfindung. Motorisch werden die extrinsischen und intrinsischen Zungenmuskeln vom N. hypoglossus (XII. Hirnnerv) innerviert. Die sensible Versorgung erfolgt durch einen Ast des V. Hirnnervs, die sensorische Versorgung ja nach Lokalisation der Geschmacksknopsen über den VII. und IX. Hirnnerv.

Man unterteilt in extrinsische und intrinsische Muskeln.

Extrinsische Zungenmuskulatur: M. genioglossus (Kinnzungenmuskel), M. hyoglossus (Zungenbeinzungenmuskel), M. styloglossus (Griffelzungenmuskel), M. palatoglossus (Gaumenzungenmuskel). Sie verbinden den Zungenkörper mit benachbarten Knochen und bestimmen die Lage und die Beweglichkeit der Zunge im Mundraum.

Intrinsische Zungenmuskulatur: Mm. longitudinales linguae (Zungenlängsmuskeln), M. transversales linguae (Zungenquermuskeln), M. verticales linguae (senkrechte Muskelzüge). Sie bestimmen vornehmlich die Form des Zungenkörpers durch Verkürzen, Strecken, Abflachen und Verbreitern der Zunge.

In Ruhelage hat die Zunge leichten Kontakt mit dem vorderen Teil des harten Gaumens (Papilla incisiva). Die Lippen sind geschlossen, und der M. mentalis ist entspannt.

Für die morphologische Entwicklung der oralen Skelettstrukturen wird der Zunge eine formende Rolle zugesprochen. Ihre Position bewegt sich mit zunehmendem Alter von einer „infantilen“ vorderen zu einer „reifen“ hinteren Position. Die Zungengröße erreicht ihr definitives Ausmaß im Alter von 8 Jahren und kann daher jeweils nur in Relation zum Lebensalter, zur Größe und Form der Mundhöhle beurteilt werden.

Mundbodenmuskulatur

Die Mundbodenmuskulatur hat sowohl für die Primär- (Saugen, Beißen, Kauen, Schlucken) als auch für die Sekundärfunktionen (Artikulation, Phonation) Bedeutung. Sie teilt sich auf in:

- M. mylohyoideus (Kieferzungenbeinmuskel),
- M. geniohyoideus (Kinnzungenbeinmuskel),
- M. digastricus (Zweibauchmuskel mit vorderem und hinterem Anteil).

Die Muskeln ziehen von der Schädelbasis bzw. vom Unterkiefer zum Zungenbein und sind symmetrisch angelegt.

Innerviert werden sie vom N. trigeminus (V. Hirnnerv), N. facialis (VII. Hirnnerv) und N. hypoglossus (XII. Hirnnerv).

Gaumensegelmuskulatur

Die Gaumensegelmuskulatur hebt und spannt den weichen Gaumen. Durch gleichzeitige Kontraktion des oberen Schlundschnürers (Passavant-Wulst) wird der velopharyngeale Abschluß ermöglicht. Der Gaumensegelheber und der Gaumensegelspanner beeinflussen die Tubenfunktion, so daß beim Schlucken eine Durchlüftung der Tuben stattfindet. Median am Velumunterrand befindet sich das Zäpfchen (Uvula) mit Eigenmuskulatur. Nach unten bildet die Gaumensegelmuskulatur die Grundlage für den vorderen und hinteren Gaumenbogen. Innerviert wird das Gaumensegel von den Hirnnerven V/3, IX und X.

Zur Gaumensegelmuskulatur zählt man:
- M. tensor veli palatini (Gaumensegelspanner),
- M. levator veli palatini (Gaumensegelheber),
- M. uvulae (Zäpfchenmuskel),
- M. palatoglossus (Gaumenzungenmuskel),
- M. palatopharyngeus (Gaumenschlundmuskel).

Das Gebiß

Das Verständnis okklusaler Zusammenhänge setzt die Kenntnis der Zahnmorphologie voraus. Eine korrekte Zahnstellung, Okklusion und Bißlage bilden eine wichtige Voraussetzung für die richtige Artikulation. Zahnstellungs- und Bißanomalien sind häufig (Teil-) Ursachen für Lautbildungsstörungen.

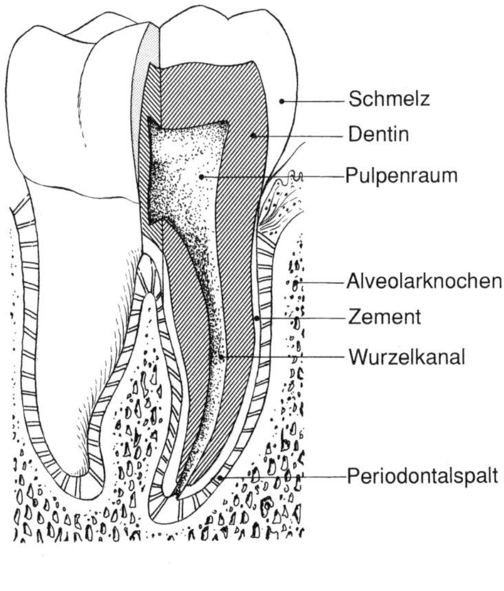

Abb. **10** Längsschnitt durch einen Molaren.

Zahnanatomie

Das Dentin (Zahnbein) bildet die Hauptmasse des Zahnes. Es wird von dem gefäß- und nervenreichen Bindegewebe des Pulpenkavums (-raums) ernährt (Abb. **10**).

Die Gefäß und Nerven gelangen vom Alveolarknochen aus durch die Wurzelspitze in das Pulpenkavum. Der Pulpenhohlraum wird von Odontoblasten ausgekleidet, deren Fortsätze das Dentin in feinen Dentinkanälchen durchziehen. Diese Zellen können zeitlebens Dentin nachbilden (Sekundärdentin).

Im Bereich der Zahnkrone wird das Dentin von der Schmelzschicht überzogen. Der Zahnschmelz als zellfreie Hartsubstanz ist nicht regenerationsfähig. Seine strukturelle Grundlage bilden die Schmelzprismen.

Der Hals- und Wurzelbereich des Zahnes wird vom Zement, einer faserknochenartigen Schicht überzogen.

Das Milchgebiß

Das Milchgebiß enthält im Gegensatz zum bleibenden Gebiß, das mit 32 Zähnen ausgestattet ist, nur 20 Zähne. Die Zähne sind kleiner als die des Dauergebisses und haben relativ kurze, aber breite Zahnkronen. Auch ihr weißlicher Farbton sowie ihre porzellanartige Transparenz unterscheidet die Milchzähne von den bleibenden Zähnen (Dentes permanentes). Das Pulpenkavum und der Wurzelkanal der Milchzähne sind wesentlich weiträumiger und die Pulpenhörner länger ausgezogen. Die Wurzeln der Milchmolaren, zwischen denen die Zahnkeime der bleibenden Zähne liegen, sind stärker gespreizt und ihre Enden zangenartig zusammengebogen. Der Zahnschmelz der Milchzähne unterscheidet sich von dem der bleibenden Zähne durch schnellere Abnützung. Pro Quadrant enthält das Milchgebiß 2 Schneidezähne, 1 Eckzahn und 2 Milchmolaren (Abb. **11**).

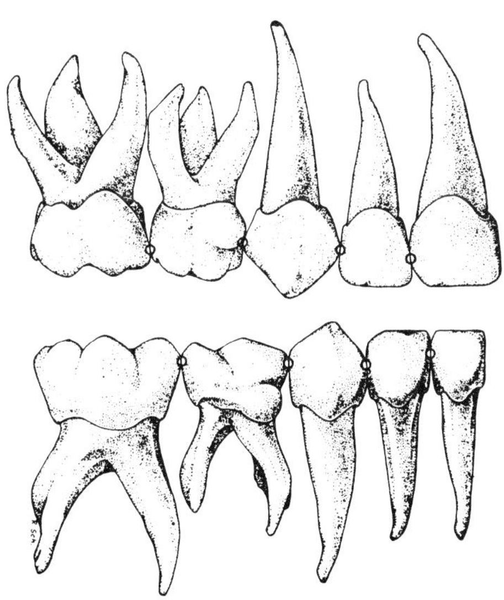

Abb. **11** Zahnformen im Milchgebiß (aus: Schumacher, G. H., H. Schmidt: Anatomie und Biochemie der Zähne, 3. Aufl. Fischer, Stuttgart 1983).

Das bleibende Gebiß

Das bleibende Gebiß enthält pro Quadrant 2 Schneidezähne, 1 Eckzahn, 2 Prämolaren und 3 Molaren (Abb. **12**). Durchbruchszeiten Tab. **2**.

Tabelle **2** Durchbruchszeiten der bleibenden Zähne

Oberkiefer	Unterkiefer	Durchtrittsalter
6	6	5.– 6.
	1	6.– 7.
1		7.– 8.
2	2	7.– 9.
4	3	
5	4	9.–12.
3	5	
7	7	11.–14.
8	8	ab 16.

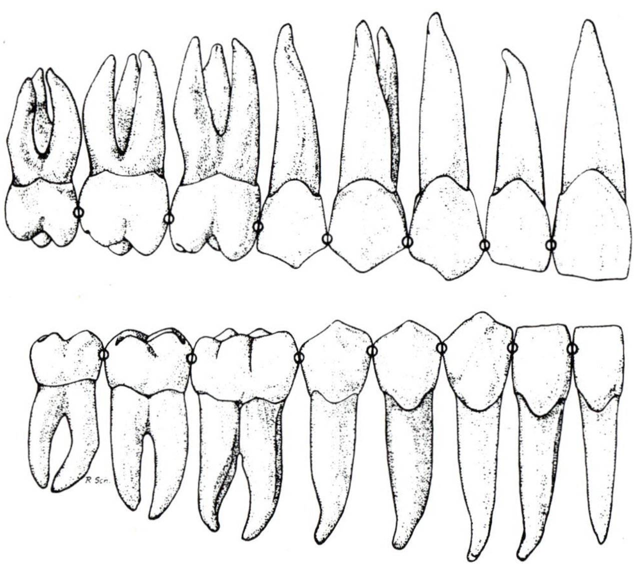

Abb. **12** Zahnformen im bleibenden Gebiß (aus Schumacher, G. H., H. Schmidt: Anatomie und Biochemie der Zähne, 3. Aufl. Fischer, Stuttgart 1983).

Nomenklatur

Die Zähne werden nach dem internationalen Zahnschema zweiziffrig klassifiziert: Die erste Ziffer bezeichnet den Quadranten, die zweite den jeweiligen Zahn. Im Uhrzeigersinn werden den bleibenden Zähnen die Ziffern 1 (rechter oberer Quadrant), 2 (linker oberer Quadrant), 3 (linker unterer Quadrant) und 4 (rechter unterer Quadrant) zugeordnet. In Analogie hierzu werden die Milchzahnquadranten mit den Ziffern (5), (6), (7) und (8) bezeichnet (Abb. **13**).

Beispiel: Bleibendes Gebiß, linker oberer erster Prämolar: 24 (sprich: zwei-vier), Milchgebiß, rechter unterer Eckzahn: 83 (sprich: acht-drei).

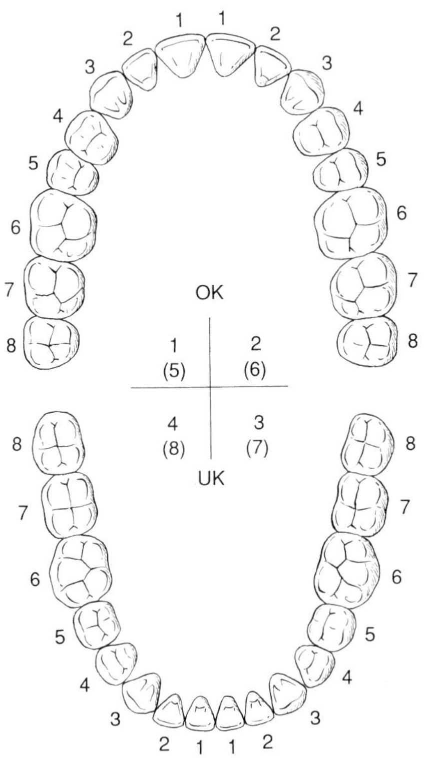

Abb. **13** Zahnnomenklatur (OK = Oberkiefer, UK = Unterkiefer; 1–4: Quadranten im bleibenden Gebiß; (5)–(8): Quadranten im Milchgebiß; 1–8: Zähne im OK und UK).

Regelverzahnung (Eugnathie)

Bei okklusaler Betrachtung sind im Milchgebiß die Zahnbögen im Ober- und Unterkiefer halbkreisförmig, im bleibenden Gebiß entsprechen sie einer Parabel.

Die sich beim Zusammenbeißen ergebenden Lagebeziehungen der Zähne zueinander bezeichnet man als Okklusion. Diese ist durch den *Schneidezahnüberbiß* und durch die *Höcker-Fossa-Verzahnung* gekennzeichnet.

Der Schneidezahnüberbiß in vertikaler Richtung wird *Overbite* genannt, in sagittaler Richtung *Overjet*. Der Overbite beträgt bei Neutralbiß 2–3 mm (Abb. **14**).

Stellung der Zahnreihen zueinander

Da die Kronen der Oberkieferzähne einen größeren mesiodistalen Durchmesser aufweisen als die der Unterkieferzähne, kommt es zu einer mesiodistalen Verschiebung beider Zahnreihen gegeneinander. Somit treffen beim Zusammenbeißen nicht Krone mit Krone und Höcker mit Höcker zusammen, sondern die Höcker der oberen Zahnreihe tauchen in die Zwischenräume und Vertiefungen der unteren Zähne ein und umgekehrt.

Bei Regelverzahnung greifen die Zahnhöcker im Seitzahnbereich wie Zahnräder mit abgerundeten Zähnen ineinander. Jeder Zahn, außer den unteren Einsern und den oberen Achtern, hat zwei Antagonisten *(Eins-gegen-Zwei-Anordnung)*. Die

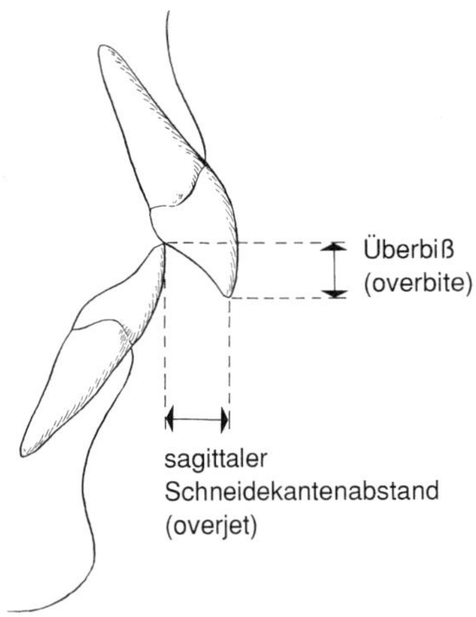

Abb. **14** Stellung der Oberkiefer- und Unterkieferfrontzähne zueinander.

palatinalen Höcker der oberen Zahnreihe treffen in die Gruben der unteren Zähne, in die Fossae der oberen Zahnreihe treffen die bukkalen Höcker der Unterkieferzahnreihe (*Höcker-Fossa-Verzahnung*) (Abb. **15**).

Der obere und untere erste Molar (6er) stellen den Schlüssel der Okklusion dar. Der mesiopalatinale Höcker des oberen 6ers gelangt in die zentrale Fossa des unteren 6ers, während der distobukkale Höcker des unteren 6ers in die zentrale Fossa des oberen 6ers beißt. Im Oberkiefer sind die palatinalen (lingualen) Höcker der Prämolaren und Molaren die okklusionstragenden Höcker (*Stampfhöcker*), die bukkalen Höcker die *Scherhöcker* (Abb. **16**). Im Unterkiefer verhält es sich genau umgekehrt. Hier sind die bukkalen Höcker die Stampfhöcker und die lingualen Höcker die Scherhöcker.

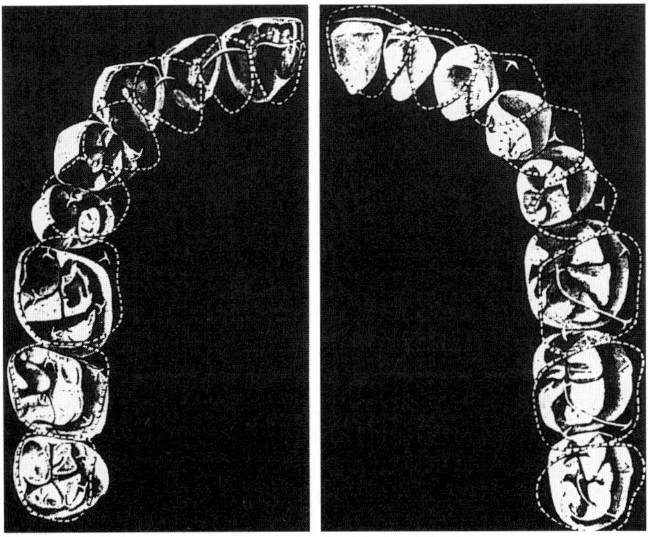

Abb. **15** Regelrechte Höcker-Fossa-Beziehungen im bleibenden Gebiß. Durch gestrichelte Darstellung des unteren Zahnbogens (links) und des oberen Zahnbogens (rechts) wird die Höcker-Fossa-Verzahnung zur Darstellung gebracht (aus Schumacher, G. H., H. Schmidt: Anatomie und Biochemie der Zähne, 3. Aufl. Fischer, Stuttgart 1983).

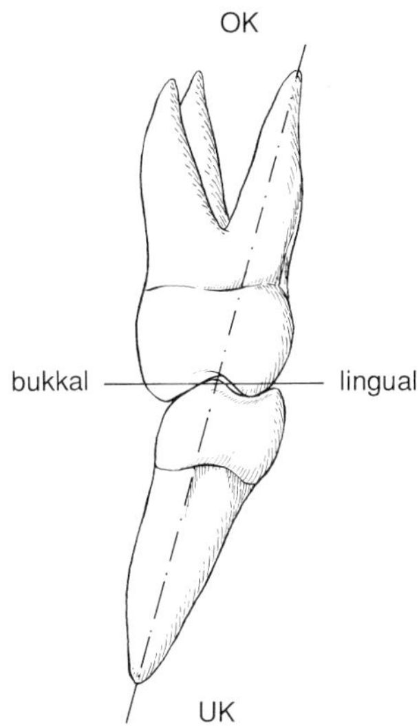

Abb. **16** Oberer und unterer Molar in regelrechter Höcker-Fossa-Relation.

Die stützenden Höcker (Stampfhöcker) sind kegel- oder pyramidenförmig, die nichttragenden Höcker (Scherhöcker) schneidekantenförmig. Die Höcker-Fossa-Kontakte sind punktförmig, dadurch erfolgt bei dynamischer Okklusion ein reibungsarmes Gleiten (Kugellagereffekt). Dies wirkt sich strukturerhaltend auf den Zahnhalteapparat aus und steigert die Zerkleinerungsleistung.

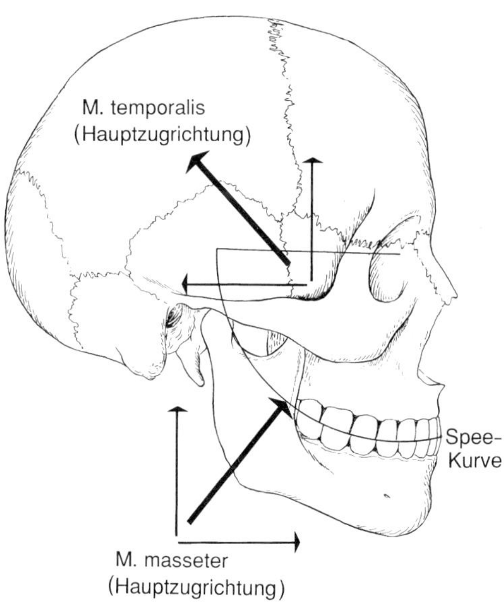

Abb. **17** Seitansicht des Gesichtsschädels. Anordnung der Okklusionsflächen der Ober- und Unterkieferzähne entlang der Spee-Kurve.

Die Spee-Kurve

Verbindet man in der Ansicht von lateral die Inzisalkanten der Frontzähne und die Höcker der Oberkieferzähne miteinander, erhält man einen schwachen, nach unten konvexen Bogen, der sich von den Schneidezähnen bis zum ersten Molaren senkt und dahinter bis zum Weisheitszahn wieder ansteigt.

Diese Kurve wird als *Spee-Verwindungskurve* bezeichnet (Abb. **17**). Das Prinzip besteht darin, daß die Kauflächen der Molaren, die im Hauptkraftfeld der Kaumuskeln (M. temporalis, M. masseter) liegen, in eine für die Funktion günstige Stellung gebracht werden. Diese wird dann erreicht, wenn sie etwa rechtwinkelig zur Hauptzugrichtung der Kaumuskeln stehen.

Gebißklassifikation

Die Klassifikation nach Angle (1907) geht von der sagittalen Höcker-Fossa-Verzahnung im Seitzahngebiet aus, wo der obere erste Molar als Markierungsmarke dient.

Neutralbiß

Ein Neutralbiß (*Angle Klasse I*) liegt vor, wenn der mesiobukkale Höcker des oberen 6ers in der Querfissur des unteren 6ers liegt (Abb. **18**).

Distalbiß

Ist der Unterkiefer gegenüber dem Neutralbiß distalwärts verlagert, spricht man von einem Distalbiß (*Angle Klasse II = Prognathie*). Innerhalb der Klasse II wird je nach der Stellung der oberen Frontzähne eine Klasse II_1 mit vorgeneigter oberer Front und eine Klasse II_2 mit retrudierter oberer Front unterschieden (Abb. **19**).

Die Körperhaltung übt großen Einfluß auf okklusale Verhältnisse aus und kann Okklusionsstörungen begünstigen, z. B. überstreckte Kopfhaltung und Mundatmung die Entstehung der Klasse II.

Beim Neugeborenen findet man unter physilogischen Verhältnissen einen Distalbiß. Durch die „Melkbewegungen“ beim Stillen wird der Unterkiefer nach anterior geführt. Dadurch wird gleichmäßig die Lippen- und Kaumuskulatur trainiert und der Regelbiß leichter erreicht.

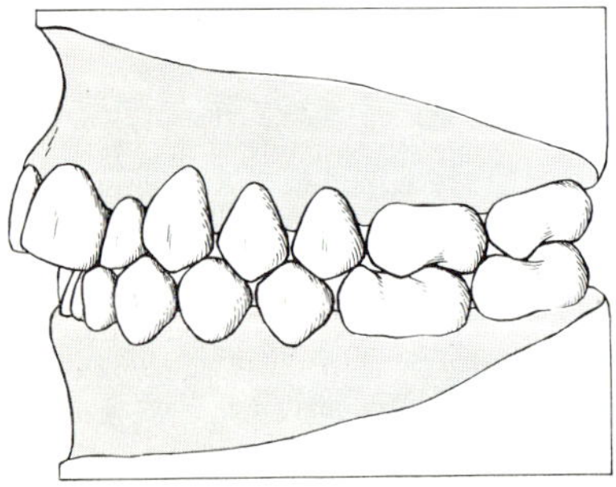

Abb. **18** Neutralbiß, Angle Klasse I (aus Schumacher, G. H., H. Schmidt: Anatomie und Biochemie der Zähne, 3. Aufl. Fischer, Stuttgart 1983).

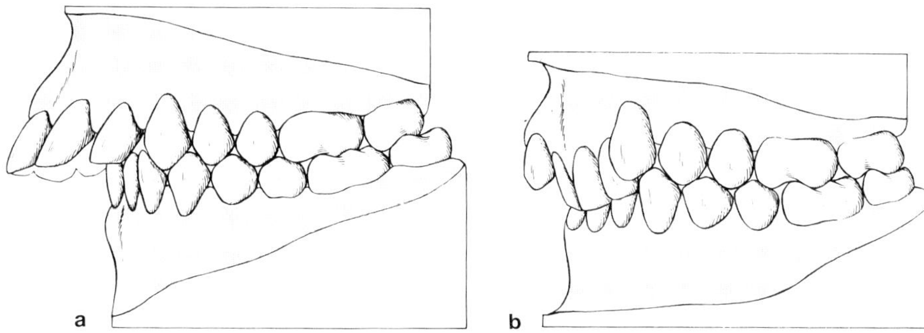

Abb. **19** Distalbiß, **a** Angle Klasse II_1, **b** Angle Klasse II_2 (aus Schumacher 1983).

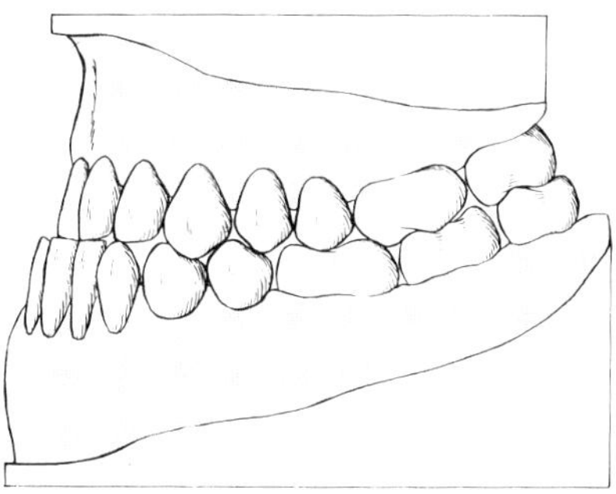

Abb. **20** Mesialbiß, Angle Klasse III (aus Schumacher, G. H., H. Schmidt: Anatomie und Biochemie der Zähne, 3. Aufl. Fischer, Stuttgart 1983).

Mesialbiß

Bei einer Vorverlagerung des Unterkiefers entsteht der Mesialbiß (*Angle Klasse III = Progenie*, Abb. **20**).

Dysgnathie

Vom normalen Okklusionsschema abweichende Beziehungen der Zahnreihen bezeichnet man als Bißanomalien.

Abweichungen in der Sagittalebene

Das ist der Fall beim Distalbiß und beim Mesialbiß.

Abweichungen in der Transversalebene

Diese können Einzelzähne oder ganze Zahngruppen betreffen.

Überbiß. Bei regelrechtem Überbiß gelangen die palatinalen Höcker der Oberkiefermolaren in die Fissuren der Unterkieferzähne, die bukkalen Höcker der unteren Molaren in die Fissuren ihrer Antagonisten im Oberkiefer (Abb. **21 a**).

Kantbiß. Das „Zahnradprinzip" der Okklusion ist stark gestört, es kommt zu einem Höcker-zu-Höcker-Kontakt (Abb. **21 b**).

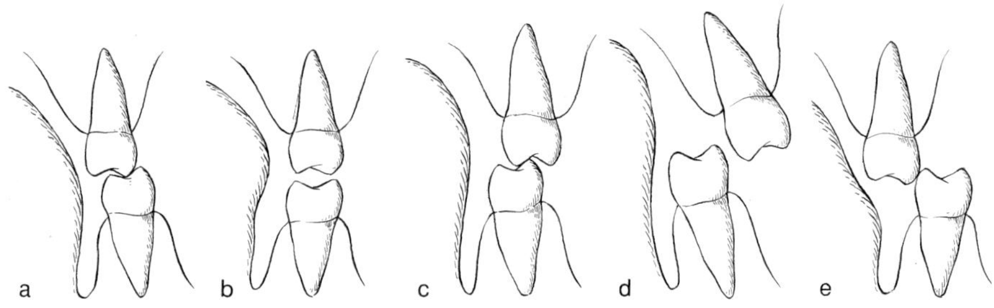

Abb. **21** Bißanomalien. **a** Überbiß, **b** Kantbiß, **c** Kreuzbiß, **d** Nonokklusion.

Kreuzbiß. Die oberen bukkalen Höcker gelangen in die Gruben der Unterkieferzähne. Die unteren bukkalen und die oberen palatinalen Höcker (Stampfhöcker) finden keinen Kontakt im antagonistischen Zahnbogen (Abb. **21c**).

Nonokklusion. Die Oberkieferzähne wachsen bukkal oder lingual an den unteren vorbei (Abb. **21d**).

Schachtelbiß. Das ist der Extremfall, bei dem die Oberkieferzähne keinen Kontakt zu den Unterkieferzähnen finden (Abb. **21e**).

Abweichungen in der Vertikalebene

Bei Neutralbiß besteht im Bereich der Frontzähne ein vertikaler Überbiß (Overbite) von 2–3 mm (Abb. **14**).

Ein offener Biß liegt vor, wenn der Overbite weniger als 2 mm beträgt, ein tiefer Biß bei einem Overbite von mehr als 3 mm.

Als mögliche Ursachen für die Entstehung von Dysgnathien werden hereditäre und konstitutionelle Einflüsse sowie hormonelle, Ernährungs- und Wachstumsfaktoren diskutiert. Falsche Ernährungsgewohnheiten begünstigen beim Durchbruch der Milchzähne kariöse Defekte. Bei frühzeitigem Milchzahnverlust können diese ihre Platzhalterfunktion nicht ausüben, woraus ein Raummangel im bleibenden Gebiß entsteht.

Zahnunterzahl. Wenn Zähne zwar im Kiefer angelegt sind, aber nicht durchbrechen können, spricht man von retinierten Zähnen. Unter Aplasie versteht man die Nichtanlage einer oder mehrerer Zähne. Bleibende Zweier und Fünfer im Oberkiefer sind häufig aplastisch. Die Milchzahnwurzeln bleiben im Kiefer erhalten, und der Zahn ist, wenn er nicht frühzeitig kariös zerstört ist, bis etwa zum 30. Lebensjahr funktionsfähig.

Zahnüberzahl. Zähne können doppelt angelegt sein und auch doppelt durchbrechen. Relativ häufig ist das Vorkommen eines Mesiodens. Das ist ein überzähliger Schneidezahn zwischen den beiden Einsern. Er kann die Ursache für ein Diastem (Lücke zwischen zwei Zähnen) sein.

Das Kiefergelenk

Die das Kiefergelenk (Articulatio temporomandibularis) bildenden knöchernen Strukturen sind das Caput mandibulae und die Fossa articularis des Os temporale. Die Inkongruenz der Gelenkflächen wird durch den Discus articularis ausgeglichen.

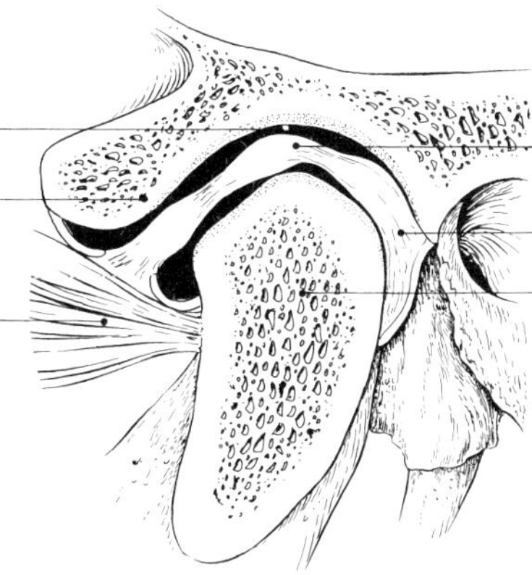

Abb. **22** Anatomie des Kiefergelenks.

Dieser teilt das Gelenk in ein oberes und unteres Kompartiment (Abb. **22**). Die schlaffe Gelenkskapsel wird lateral durch kräftige Bandstrukturen verstärkt (Lig. laterale).

Kiefergelenksbewegungen

Darunter fallen Öffnungs- und Schließbewegungen, die Vorschub- (Protrusion) und Rückschubbewegung (Retrusion) sowie die Bewegung des Unterkiefers zur rechten und linken Seite (Mediotrusion rechts und links). Bei den funktionellen Bewegungen (Primär-, Sekundärfunktionen) stellen sie eine Kombination aus Rotation und Translation dar.

Beeinflußt werden die Kiefergelenksbewegungen von der Form der Gelenkflächen, der Form und Stellung der Zähne, der Kaumuskulatur und der neuromuskulären Steuerung.

Da die Zahnreihen als Führungsflächen dienen, beeinflussen Bißanomalien und abweichende orofaziale Bewegungsmuster die Form der Kiefergelenkflächen und den Ablauf der Gelenkbewegungen.

Zur Diagnose von Kiefergelenkpathologien wird die Axiographie herangezogen.

Kieferorthopädische Maßnahmen

Kieferfehlstellungen können durch kieferorthopädische Maßnahmen während des Wachstums beeinflußt werden. Hier steht die Behandlung mit abnehmbaren Geräten im Vordergrund. Nach Wachstumsabschluß besteht die Möglichkeit, mit Hilfe festsitzender Apparaturen die Zähne im Kieferknochen zu bewegen bzw. auf operativem Weg eine Verbesserung der Bißlage zu erzielen.

Wichtige Voraussetzungen für eine effiziente kieferorthopädische Behandlung sind:

- Abbau schädlicher Lutschgewohnheiten,
- Erreichung eines Lippenschlusses,
- Umstellung der Mundatmung auf Nasenatmung,
- Korrektur eines falschen Schluckmusters,
- richtige Artikulation.

Grundlagen des Schluckens*

Das Schlucken erfüllt drei wesentliche Aufgaben: die Aufnahme und den Transport von Nahrung, den Abtransport von Speichel und den Schutz der Atemwege vor Aspiration. Dabei müssen 26 Muskelgruppen und 5 Hirnnervenpaare durch das Zentralnervensystem koordiniert und gesteuert werden. Der physiologische Schluckvorgang wird im Mundraum willkürlich initiiert und im Rachen sowie in der Speiseröhre unwillkürlich-reflektorisch fortgesetzt. Gesunde Erwachsene schlucken ca. 580- bis 2000mal pro Tag. Das Schlucken ist somit eine der häufigsten Bewegungsvorgänge im menschlichen Organismus.

Nach anatomischen und funktionellen Gesichtspunkten werden beim Schluckakt vier aufeinanderfolgende Phasen unterschieden (Logemann 1983, Neumann 1993, Nusser-Müller-Busch 1994):

Orale Vorbereitungsphase/Kauphase. Sie beinhaltet die Aufnahme von Speisen in den Mund, das Zerkleinern, das Vermischen mit Speichel und die Plazierung des Speisebolus auf der Zunge.

Orale Phase. Sie dient der Bolusbeförderung in den Oropharynx bis zur Auslösung des Schluckreflexes.

Pharyngeale Phase. Der Bolus wird reflexgesteuert in den Ösophagus befördert, während der Kehlkopf zum Schutz der Atemwege reflektorisch verschlossen wird (Glottis-, Taschenfaltenschluß, Schluß der aryepiglottischen Falten, Abdeckung durch den Kehldeckel).

Ösophageale Phase. Der Bolus wird durch den Ösophagus mittels peristaltischer Wellen in den Magen transportiert.

Die Koordination der einzelnen Schluckphasen erfordert eine präzise zentralnervöse Abstimmung der Bewegungsabläufe der am Schluckakt beteiligten Muskelgruppen. Hierfür sind fünf Hirnnervenpaare – N. trigeminus (V), N. facialis (VII), N. glossopharyngeus (IX), N. vagus (X), N. hypoglossus (XII) – notwendig, die mit Afferenzen aus dem oberen Halsmark den Schluckvorgang ermöglichen (Abb. **23**).

Die reflektorischen Phasen des Schluckaktes werden ausgelöst, sobald der Bolus die Basis der vorderen Gaumenbögen und den Oropharynx berührt. Gesteuert wird der Schluckreflex von einem Zentrum in der Medulla oblongata, welches bei seiner Aktivierung zugleich das Atemzentrum hemmt.

Das bulbäre Schluckzentrum im Hirnstamm (Medulla oblongata) koordiniert die Kerne der am Schluckakt beteiligten Hirnnervenpaare (V. VII, IX, X, XII) und ist schon bei der Geburt aktiviert.

Atmen und Schlucken sind beim Erwachsenen reziproke Funktionen: Während der reflektorischen Phasen hemmt das Schluckzentrum das Atemzentrum (Medulla oblongata) und umgekehrt. Säuglinge hingegen können gleichzeitig saugen und atmen.

Sowohl in der motorischen Großhirnrinde des Frontallappens (Gyrus praecentralis) als auch im somatosensiblen Kortex des Parietallappens (Gyrus postcentralis) sind Zunge, Lippen und Schluckareale entsprechend ihrer funktionellen Bedeutung repräsentiert. Bei Störungen der nervalen Koordination entstehen Schluckprobleme, die isoliert oder kombiniert hauptsächlich drei Bereiche betreffen: Zungenbewe-

---

* Besonderer Dank gilt W. Angerstein und B. Wein vom Klinikum der RWTH-Aachen für die fachlichen Hinweise und sonographischen Darstellungen der Zungenschluckphasen.

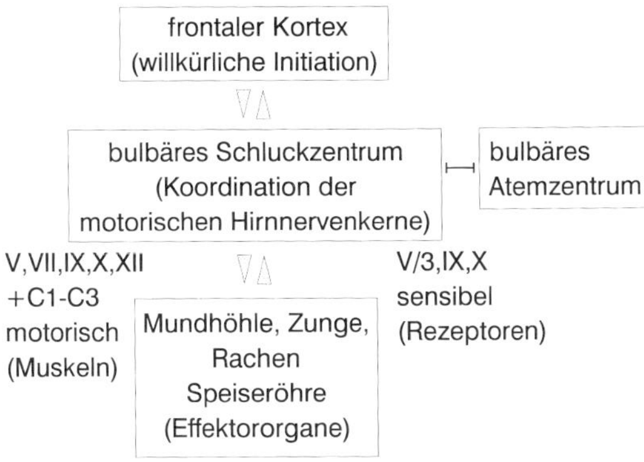

Abb. **23** Neuronale Organisation des Schluckaktes.

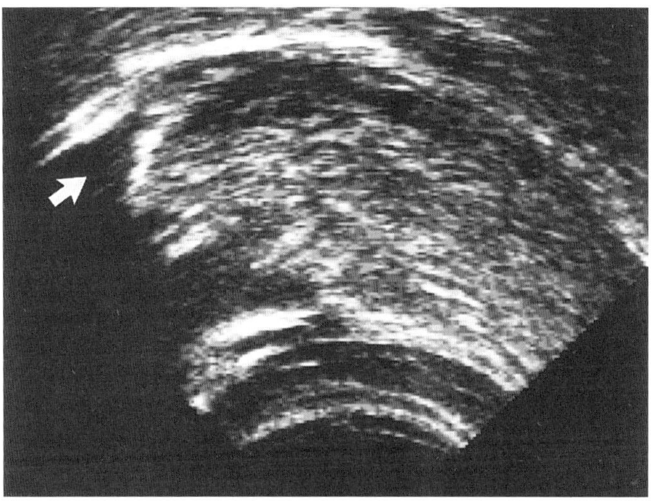

Abb. **24a–d** Zungenschluckphasen.
a Sammelphase

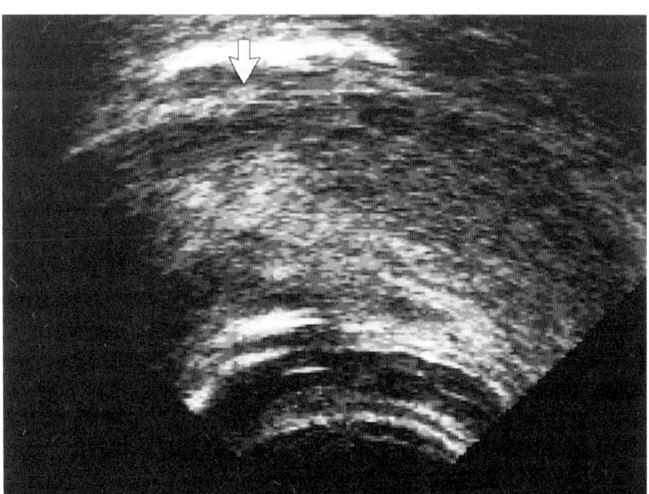

b Vorbereitungsphase

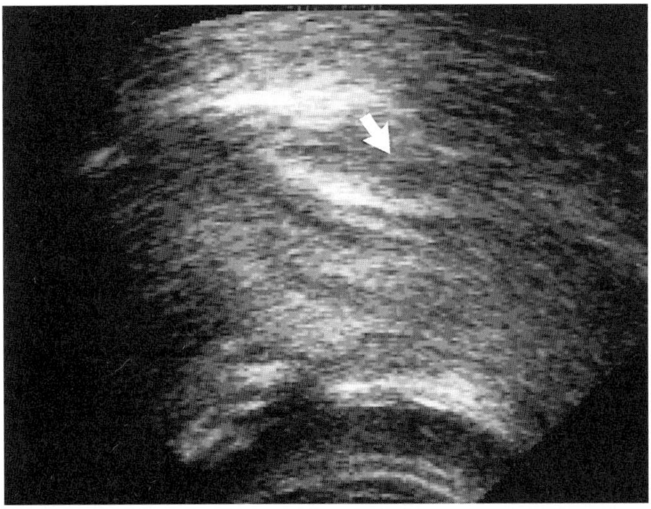

c Förder- bzw. Verdrängungsphase

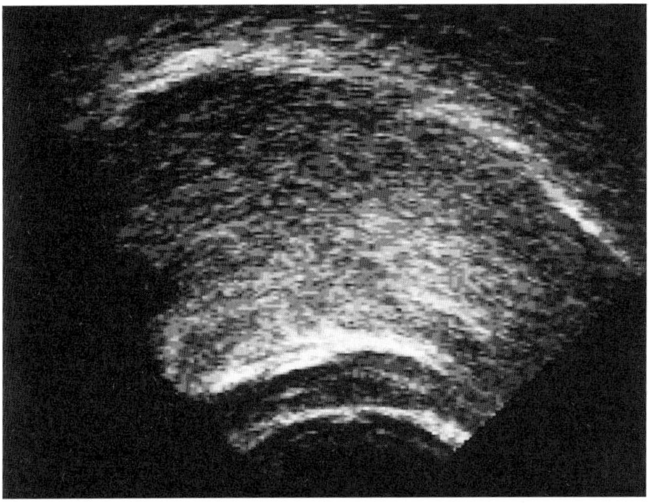

d Abschlußphase

gungsstörungen, velopharyngeale Verschlußinsuffizienzen und Koordinationsstörungen der laryngoösophagealen Übergangszone.

Mit Ultraschall lassen sich Zungenbewegungen ohne Strahlenexposition und für den Patienten wenig belastend diagnostisch erfassen und videodokumentieren.

Wein u. Mitarb. (1988) unterscheiden im Ultraschall vier Zungenschluckphasen:

Sammelphase. Die Flüssigkeit wird im vorderen Mundraum gesammelt. Der Zungenkörper verlagert sich nach hinten, und der hintere Teil des Zungenrückens wird angehoben.

Vorbereitungs- bzw. Aufschaufelphase. Die Flüssigkeit wird von der Zunge aufgeschaufelt. Der Zungengrund bleibt angehoben. Die Zungenspitze gleitet unter die Flüssigkeit und bildet eine Mulde im vorderen Bereich der Zunge; zwischen Zungenoberfläche und hartem Gaumen wird die Flüssigkeit als Bolus gehalten.

Förder- bzw. Verdrängungsphase. Der Bolus wird nach hinten in den Rachen gedrückt. Hierzu erfolgt eine sehr schnelle Anhebung des vorderen und mittleren Zungendrittels bei gleichzeitiger leichter Senkung des hinteren Zungendrittels.

Abschlußphase. Die Flüssigkeit ist aus dem Mundraum nach hinten abgelaufen, die Zunge kehrt in die Ruhelage bzw. Ausgangsposition zurück.

Sonographische Darstellung der Zungenschluckphasen (Abb. **24a–d**).

Röntgenkinematographische und videofluoroskopische Techniken finden bei Kindern mit orofazialen Dysfunktionen aufgrund der Strahlenbelastung praktisch keine Anwendung.

Normales Schlucken

In der *oralen* Phase zeigt sich beim normalen Schlucken folgender, willkürlich initiierter Ablauf (Abb. **25**):

- Bei geschlossenen Lippen und Nasenatmung drückt die Zungenspitze aus der Ruhelage an den vorderen Teil des harten Gaumens (Papilla incisiva) direkt hinter die Frontzähne.
- Die Zähne gehen in Okklusion, da der Unterkiefer als stabile Unterlage für den Schluckvorgang benötigt wird; die Masseter- und Temporalismuskeln werden aktiv.
- Der mittlere Zungenabschnitt hebt sich zum harten Gaumen, saugt sich an und erzeugt den nötigen Druck für den Transport des Speisebolus.
- Der Zungenrücken (hinterer Anteil der Zunge) drückt nach oben und hinten gegen den weichen Gaumen, der sich reflektorisch hebt und spannt und den Nasenrachenraum gegen den Mundrachen abschließt.

Die Schluckfunktion der Zunge ist eine wichtige Voraussetzung für die Artikulationsfunktion; abweichende linguale Schluckmuster können Artikulationsstörungen bedingen. Den Bewegungsabläufen der Zunge muß daher eine besondere diagnostische Beachtung geschenkt werden.

Falsches Schlucken

Eine häufige Störung im orofazialen System bei Kindern ist das Zungenpressen (Tongue-thrust). Gegenwärtig existiert für dieses anteriore Schluckproblem weder in der deutschsprachigen noch in der angloamerikanischen Literatur eine einheitliche Terminologie. Sowohl Bezeichnungen als auch Definitionen sind unterschiedlich. Syno-

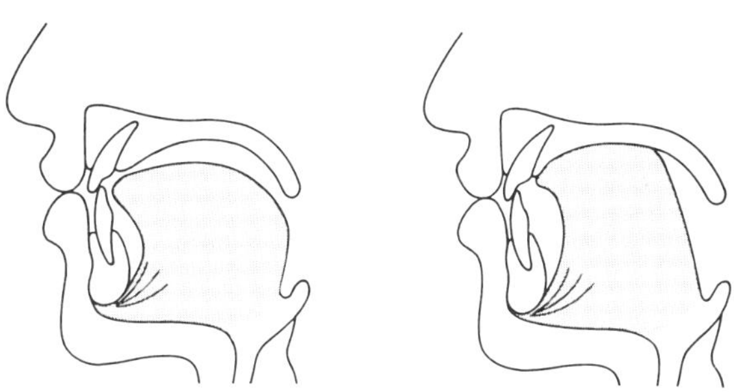

Abb. **25** Schema einer normalen oralen Schluckphase (aus Garliner, D., Myofunktionelle Therapie in der Praxis, Zahnärztlich-medizinisches Schrifttum, München 1989).

nyme Begriffe sind: Zungenpressen, Tongue-thrust (TT), Zungenstoß, infantiles Schlucken.

Leitsymptom ist die Vorverlagerung der Zunge gegen oder zwischen die Zähne/Zahnreihen während des Schluckens und Sprechens.

Palmer (1962) beschreibt fünf Symptome, die mit dem Tongue-thrust-Syndrom einhergehen können, die jedoch nicht alle gleichzeitig auftreten müssen. Veränderungen im neuromuskulären Schluckmuster, in der orofazialen Funktion, in der orofazialen Struktur, in der dentalen Struktur und in der Artikulation.

Für Garliner (1974) steht Tongue-thrust jeweils in Zusammenhang mit einem gestörten orofazialen Muskelgleichgewicht, mit abweichenden Zungenbewegungen und abnormer Zungenruhelage.

Noch nicht geklärt ist, ob das Zungenpressen eine pathologische Abweichung auf dem Weg vom „infantilen" Schlucken zum Schluckmuster des Erwachsenen oder ob es ein normales Übergangsstadium darstellt. Ebenso unklar ist, ob es als angeborenes Verhaltensmuster oder falsch erlerntes Schluckmuster gesehen werden kann. Verschiedene Studien weisen jedoch auf die abnehmende Häufigkeit mit zunehmendem Alter hin (Barret 1978, Mitteldorfer 1985).

Beim *anterioren* Tongue-thrust liegt die Zunge in Ruheposition tief und vorne zwischen den Frontzähnen. Beim *lateralen* Tongue-thrust legt sich die Zunge zwischen die seitlich geöffneten Zahnreihen und übt eine hemmende Kraft auf den Zahndurchbruch aus. Falsche Haltungsmuster der Zunge sind häufig mit Dysgnathien assoziiert.

Ein „pathologisches" (nicht der Norm entsprechendes) Schluckmuster liegt vor, wenn beim Schlucken

- das vordere Zungendrittel sich gegen oder zwischen die Frontzähne bewegt, und/oder
- die Zungenränder gegen oder zwischen die Seitenzähne drücken,
- der mittlere Zungenabschnitt nach unten sinkt (kollabiert) und auf dem Mundboden bleibt,
- die Lippen entweder offen und schlaff sind oder sich in starker Anspannung befinden,
- die Zahnreihen meist geöffnet sind, d. h. wenn keine Anspannung der Masseter- und Temporalismuskeln zu tasten ist,
- der M. mentalis hyperaktiv ist.

Das interdentale Schlucken wird, wenn es über das vierte Lebensjahr persistiert, als „infantiles" Schlucken bezeichnet. Es wird zum Sprechproblem, sobald begleitende Störungen der Artikulation auftreten. In der Mehrzahl sind die Zungenspitzenlaute /n/ /d/ /t/ /l/ betroffen, sie werden interdental gesprochen. Die Friktative /s/ /z/ /ʃ/ werden addental, interdental oder lateral gebildet, ebenso die Affrikate /ts/ /tʃ/.

Dysphagie im Kindesalter

Störungen des Schluckaktes im Kindesalter sind häufig und erfordern einen interdisziplinären diagnostischen und therapeutischen Zugang. Als Risikofaktoren für die Entstehung kindlicher Schluckstörungen gelten u. a. Frühgeburten mit zu geringem

Geburtsgewicht und mit gestörter Koordination von Saugen, Schlucken und Atmen, Sondenernährung über einen längeren Zeitraum, Mißbildungen, Verletzungen sowie Neoplasmen des ZNS, Verhaltensstörungen.

Ursachen

Folgende Ursachen (Tab. **3**) können den Schluckakt beim Kind beeinträchtigen (Arvedson 1993):

Nasale, pharyngeale Ursachen. Behinderte Nasenatmung z.B. durch Polypen, Septumdeviation, Choanalatresie.

Orale und oropharyngeale Ursachen. Gaumenspalten, Mißbildungssyndrome, Zungenhamartome.

Laryngeale Ursachen. Laryngeale oder subglottische Stenosen wie Stimmlippenlähmungen, laryngeale Spalten, Laryngomalazie.

Ösophageale Ursachen. Fremdkörper, Narben nach Verätzungen, Mißbildungen und deren Folgekomplikationen, gastroösophagealer Reflux.

Neurogene Ursachen. Zentralnervöse Erkrankungen (Hydrozephalus, Zerebralparese, metabolische und traumatische Enzephalopathien, Polyneuropathie), Myasthenia gravis, Polymyositis, Dermatomyositis, kongenitale Muskeldystrophie.

Psychogene Ursachen. Sondenernährung, ösophageale Ableitung, Anorexia nervosa.

Tabelle **3** Kindliche Dysphagieformen nach der anatomischen Lage ihrer Ursache (nach Schärli 1991)

Ursache für Dysphagie		
Orale	– Gaumenspalte, Pierre-Robin-Syndrom – Zungenhamartom – Choanalatresie	
Pharyngeale	– Tonsillenhyperplasie – Tumoren	
Ösophageale	– Ösophagus	Mißbildungen Kompression von außen Verätzungen Fremdkörper
	– Kardia	Achalasie Refluxösophagitis Stenosen
Zerebrale/ neurogene	– Hydrozephalus – Zerebralparese	

Das unterschiedliche Ursachenspektrum erfordert eine exakte Abklärung der Dysphagie sowie eine differenzierte Therapie. Insbesondere muß darauf geachtet werden, ob eine Aspiration vorliegt und eine orale Ernährung überhaupt durchgeführt werden kann.

Zur Funktionsdiagnostik der einzelnen Phasen des Schluckaktes sowie zur Beurteilung einer eventuellen Aspiration wird die Röntgenkinematographie eingesetzt

(Hannig, 1987). Pharynx und Larynx sowie velopharyngeale Schlußinsuffizienzen lassen sich im flexiblen lichtleitenden Optiken endoskopisch abklären.

Therapie

Als therapeutische Maßnahmen stehen einerseits chirurgische, andererseits funktionsorientierte, logopädische Therapieverfahren zur Auswahl.

Skelettodentale und ösophageale Mißbildungen bedürfen einer chirurgischen Therapie mit anschließender funktionsorientierter logopädischer Behandlung.

Bei neurogenen und psychogenen Schluckstörungen wird primär eine neurophysiologisch orientierte, logopädische Therapie durchgeführt. Durch Stimulation am und im Mund des Kindes sollen pathologische Reflexe abgebaut, neuromuskuläre Reflexmechanismen und normale Bewegungsmuster angebahnt sowie drohenden orofazialen Dysfunktionen vorgebeugt werden. Gezielte Übungen für das Schlucktraining sind in den dargestellten Therapiekonzepten enthalten.

Orofaziale Dysfunktionen

Klinische Symptome

Bei der Diagnose können folgende Symptome einen Hinweis auf das Vorliegen orofazialer Dysfunktionen (myofunktioneller Störungen der Orofazialregion) bei Kindern geben:

- inkompletter Lippenschluß,
- weiche Lippenstrukur,
- Mundatmung (Abb. **26**),
- Zungenpressen (anteriores/laterales, Abb. **30, 31**),
- Zungenprotrusion (Abb. **27**),
- interdentale Zungenlage (Abb. **27**),
- vermehrter Speichelfluß (Hypersalivation, Abb. **27**),
- periorale Ekzeme,
- Grimassieren beim Schlucken,
- orofaziales Muskelungleichgewicht (Abb. **28**),
- abweichende Unterkieferbewegungen,
- ausgeprägte Rugae palatinae (Abb. **32**),
- hoher, enger Gaumen (Abb. **32**),
- Dysgnathie (Abb. **29**),
- Störungen der Artikulation (Abb. **30**).

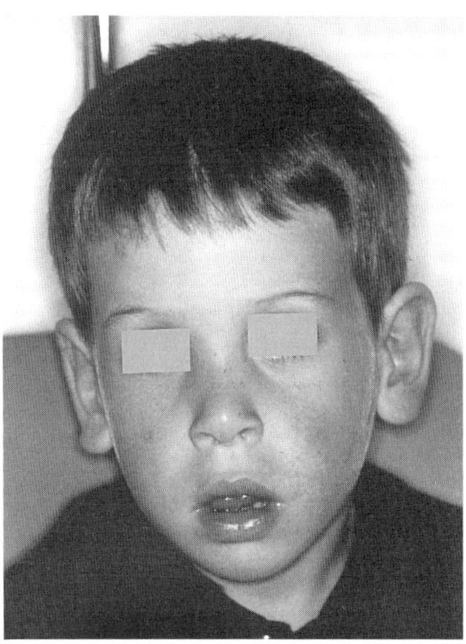

Abb. **26** Mundatmung „adenoid face", weiche Lippenstruktur, inkompletter Lippenschluß (aus Laryngo-Rhino-Otol. 1990, 231–236).

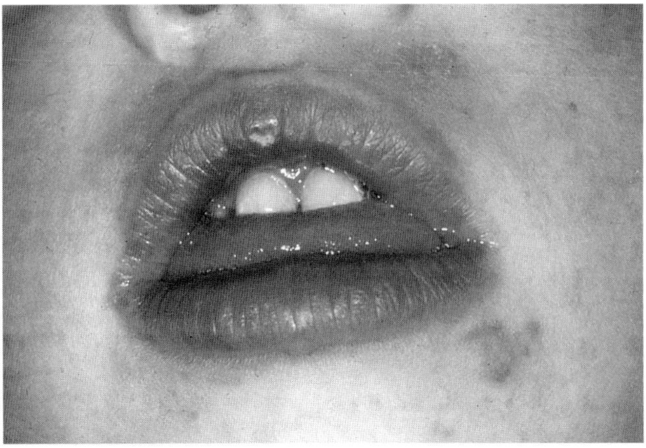

Abb. **27** Zungenprotrusion, interdentale Zungenlage, Hypersalivation, periorale Ekzeme (aus Laryngo-Rhino-Otol. 1990, 231–236).

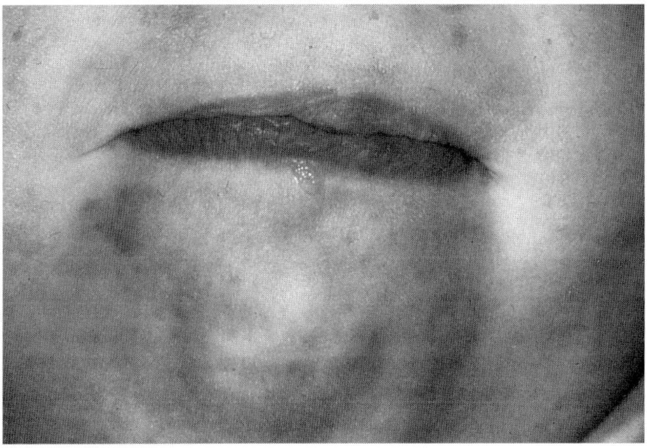

Abb. **28** Orofaziales Muskelungleichgewicht, hyperaktiver M. mentalis, Grimassieren beim Schlucken (aus Laryngo-Rhino-Otol. 1990, 231–236).

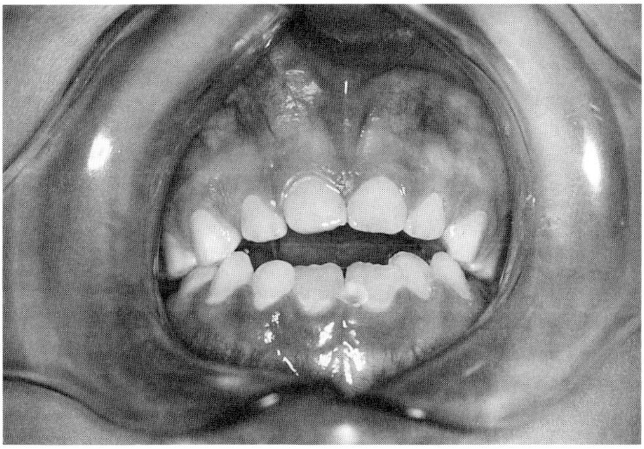

Abb. **29** Malokklusion, frontoffener Biß (aus Laryngo-Rhino-Otol. 1990, 231–236).

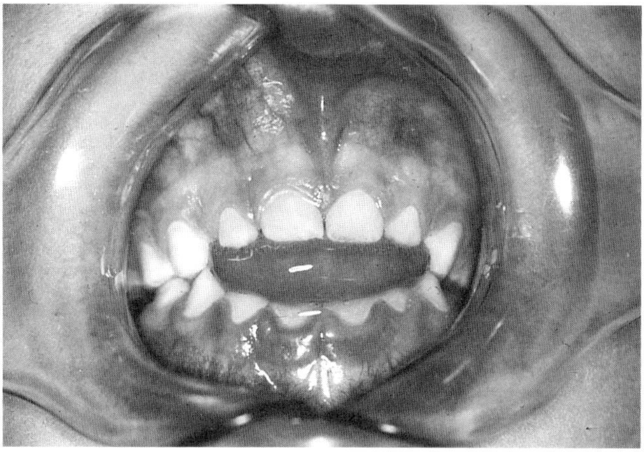

Abb. **30** Anteriores Zungenpressen, Störung der Artikulation: interdentale Lautbildung (aus Laryngo-Rhino-Otol. 1990, 231–236).

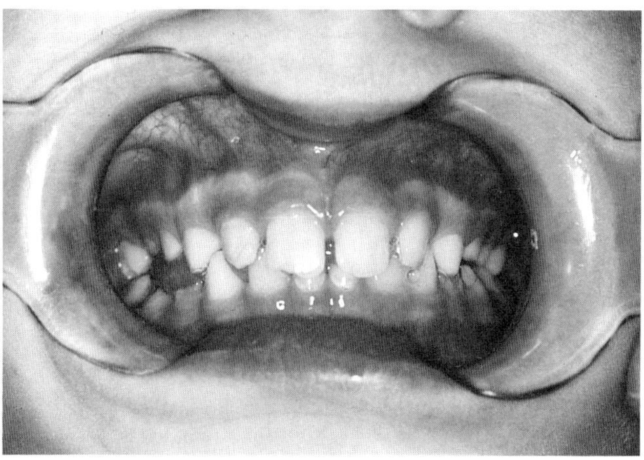

Abb. **31** Laterales Zungenpressen beim Schlucken und Sprechen (aus Laryngo-Rhino-Otol. 1990, 231–236).

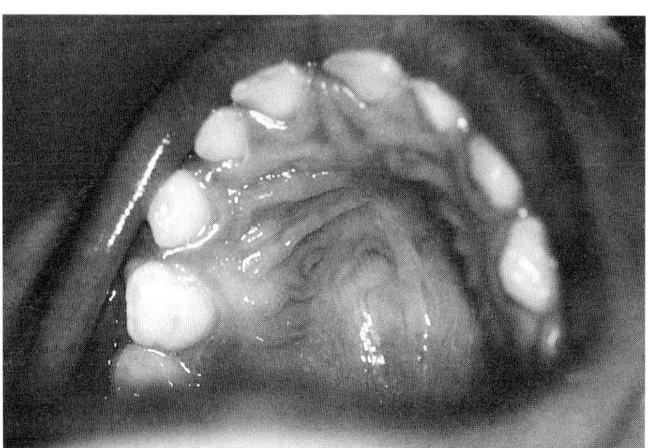

Abb. **32** Hoher, harter Gaumen, ausgeprägte Rugae palatinae (aus Laryngo-Rhino-Otol. 1990, 231–236).

Weitere Symptome (beim Jugendlichen und Erwachsenen) sind:
- Impressionen an den Zungenrändern und der Wangeninnenseite,
- Veränderungen am Zahnfleisch (Gingivitis) und Zahnhalteapparat (Parodontose),
- frühzeitiger Zahnverlust,
- Schmerzfunktionssyndrom (orofacial pain),
- Myoarthropathie, Kiefergelenkspathologien.

Ätiologische Faktoren

Genetische Einflüsse

Als mögliche Ursache für orofaziale Dysfunktionen sind sie wenig erforscht, werden aber diskutiert.

Frühgeburt und Geburtsgewicht unter 1500 g

Diese Kinder weisen häufig transiente Dyskoordinationen, d. s. entwicklungsbedingte, motorische Rückstände im Sinne von Hypo- oder Hypermotorik auf.

Falsch erlerntes Schluckmuster

Die Hauptursache liegt in der frühzeitigen Ernährung des Säuglings mit der Flasche anstelle der Mutterbrust. Der künstliche Sauger mit zu großer Öffnung zwingt das Kind, mit der Zunge den zu reichlichen Nahrungsfluß zu bremsen. Dabei sind die Lippen um den Sauger gerundet, der Kiefer offen, die Zunge nach vorn verschoben und die zirkumorale Muskulatur inaktiv.

Unphysiologische Kopf- und Körperhaltung

Füttern sollte dem normalen Schluckvorgang entsprechend möglichst in einer aufrechten Position erfolgen und mit einem Beugemuster (Flexionsstellung) gekoppelt sein.

Mundatmung

Bei der Mundatmung liegt die Zunge schlaff am Mundboden oder zwischen den Zahnreihen, der Unterkiefer steht tief. Die Zungenbewegungen erfolgen aus abnormer Ruhelage. Diese Atemform bedarf stets einer genauen differentialdiagnostischen Abklärung. Man unterscheidet zwischen einer organisch bedingten und einer habituellen Mundatmung.

Organische Ursachen sind u. a. adenoide Vegetationen, Septumdeviationen, Nasenpolypen, vasomotorische und allergische Rhinopathien.

Für habituelle Mundatmung können u. a. Muskelfehlfunktionen, ein schlaffer orofazialer Muskeltonus und Lutschgewohnheiten verursachend sein.

Die Mundatmung begünstigt entzündliche Vorgänge im Hals-Nasen-Rachen-Raum und schwächt dadurch die Abwehrkräfte des Kindes. Zusätzlich kann die Mundatmung ein prädisponierender Faktor für die Entstehung von Dysgnathien sein.

Makroglossie

Eine echte Makroglossie liegt sehr selten vor, man findet sie bei Mißbildungssyndromen wie Morbus Down, Kretinismus. Meist handelt es sich bei einer großen Zunge um eine *Pseudomakroglossie;* aufgrund ihrer abweichenden Position, Schlaffheit und Unbeweglichkeit erscheint die Zunge „zu groß“.

Ankyloglossie

Ein angeborenes, verkürztes oder verbreitertes Zungenbändchen kann in schweren Fällen zu einer Einschränkung der Zungenbeweglichkeit führen, so daß die Zungenspitze beim Schlucken und Sprechen den harten Gaumen nicht erreicht.

Tonsillenhyperplasie

Übergroße Tonsillen können zu Zungenfehlfunktionen führen und zu einer anterioren Lage der Zunge in Ruhe und während des Schluckens und Sprechens beitragen. Anteriores Zungenpressen und addentaler/interdentaler Sigmatismus sind die Folge. Häufig schafft die Tonsillektomie günstigere räumliche Verhältnisse für eine nachfolgende logopädische/myofunktionelle Therapie.

Skelettale Anomalien der Kiefer und des Gaumens

Bei Lippen-Kiefer-Gaumen-Spalten hat die Zunge die Tendenz, sich den morphologischen Gegebenheiten des Mundraums anzupassen. Dies führt häufig zu einer abweichenden Zungenlage, zu Störungen der differenzierten Zungen- und Gaumensegelmotilität sowie zu Störungen des Muskelgleichgewichts im orofazialen System.

Orale Habits

Lutschgewohnheiten wie z. B. Daumen-, Finger-, Lippen-, Polsterzipfellutschen, aber auch Dyskinesien wie z. B. Nägel-, Lippen-, Wangen-, Zungenbeißen und -schnalzen bedingen vielfältige Veränderungen in der Form des Kiefers, der Zahnreihen sowie im Aufbau normaler Bewegungs- und Reaktionsmuster. Die Folgen sind in ihrer Ausprägung von der Art, Häufigkeit, Dauer und Intensität des Lutschens abhängig. Sie manifestieren sich in Malokklusionen, in abweichendem Schluckverhalten, Störungen des Gleichgewichts der orofazialen Muskulatur sowie der Artikulationsbewegungen.

Zur Ätiopathogenese oraler Habits existieren unterschiedliche Theorien. Es werden sowohl psychische als auch neuro-physiologische Ursachen diskutiert. Die meisten Untersuchungen nennen an erster Stelle Zivilisationseffekte wie zu rasches Abgewöhnen von der Mutterbrust, unphysiologische Flaschennahrung, falsche Erziehungsmaßnahmen wie übermäßige Strenge oder Verwöhnung, aber auch kompensatorisches Verhalten als Ausdruck emotionaler Defizite (Sergl 1985; Hahn, 1988).

Nicht altersentsprechende Nahrung

Nicht altersentsprechende flüssige oder breiige Nahrung läßt das sorgfältige Beißen und Kauen „verkümmern" und führt zu oraler Inaktivität.

Störungen der sensorisch-taktilen Kontrolle

Voraussetzung für eine ungestörte Koordination von Saug-, Kau-, Schluck- und Artikulationsbewegungen bildet eine normale Sensibilität. Skelettodentale Defektbildungen bedingen häufig eine Störung der Sensorik und eine gestörte Propriozeption.

Zerebrale Bewegungsstörungen

Nach Art und Ausprägung lassen sich die spastische, athetotische und ataktische Form unterscheiden.

Beim spastischen Kind liegt die Zunge schwer und kloßig im Mund. Die Muskelspannung ist hyperton und abhängig von der gesamten Körperhaltung. Durch den erhöhten Muskeltonus und die Bewegungseinschränkung der Lippen sowie der Zunge ist die Lautbildung und -koordination erschwert.

Bei sprachgestörten athetotischen Kindern zeigt die Zunge überschießende Extrembewegungen. Außerdem sind abnorme Kieferbewegungen mit gleichzeitigem Lutschen und Beißen an der Unterlippe, Vorstoßen und Seitwärtsbewegungen des Kiefers zu beobachten.

Kinder mit Ataxien haben einen wechselnden Muskeltonus, die Bewegungsabläufe der orofazialen Muskulatur sind schlecht ausbalanciert.

Weitere Störungen

Myasthenia gravis. Es besteht eine krankhafte Muskelschwäche oder -ermüdbarkeit infolge einer Störung an den motorischen Endplatten.

Muskuläre Hypotonien. Sie treten meist in Kombination mit Hyposensibilität im Lippen-, Mund- und Gaumenbereich auf und bedürfen stets einer eingehenden neuropädiatrischen Diagnostik.

Hirnnervenparesen. Fazialisparese, Hypoglossusparese, Velumparese.

Hydrozephalus.

Minimale zerebrale Dysfunktionen („ungeschicktes Kind").

Moebius-Syndrom. Angeborene oder frühmanifeste motorische Ausfälle infolge Atrophie von Hirnnervenkernen (III, VI und VII).

Pierre-Robin-Syndrom. Frühfetale Hemmungsmißbildung des Mund-Kiefer- und Zungenbereichs mit unterentwickeltem Unterkiefer, kleiner Zunge, Gaumenspalte, röchelnder Mundatmung, erschwerter Nahrungsaufnahme und Aspirationsgefahr.

Orale Stereognose

Stereognose ist die Fähigkeit, Objekte durch Betasten zu erkennen und zu unterscheiden. Orofaziale Dysfunktionen dürfen nicht nur als Symptome mundmotorischer Störungen gesehen werden. Häufig beinhalten sie Defizite in der Mundraumvorstellung, in der oralen, taktil-kinästhetischen und propriozeptiven Wahrnehmung.

Orale Sinne

Der Mundraum ist mehr als jedes andere Körperorgan mit Sinnesrezeptoren ausgestattet. Primär lebenserhaltend dienen sie der Nahrungsaufname, der Schutz- und Kontrollfunktion für den Atem- und Verdauungstrakt.

Der Geschmacksinn vermittelt an bestimmten Zungenregionen die Qualitäten süß, sauer, bitter und salzig. Der taktile Sinn der Schleimhautrezeptoren leitet Tast- und Berührungsempfindungen sowie Schmerz- und Temperaturempfindungen weiter (Oberflächensensibilität). Die Rezeptoren der orofazialen Muskeln, Sehnen, Knochen und des Kiefergelenks besitzen den kinästhetischen Sinn, der Auskunft gibt über Bewegungsabläufe, Kraft, Druck, Ausmaß und Geschwindigkeit einer Bewegung, über die Lage oder Winkelstellung der Gelenke (Tiefensensibilität).

Orale Sensibilität

Die orale Sensibilität vermittelt dem ZNS ein genaues Bild über den jeweiligen Zustand der Mundhöhle, seiner Strukturen und über die Art der Änderung dieses Zustands.

Die ausgedehnte kortikale Repräsentation der orofazialen Regionen entlang des Sulcus centralis ist auf die große Anzahl oraler Rezeptoren zurückzuführen und unterstreicht die Bedeutung der oralen Sensorik und Sensibilität: Langen (1967) sieht die Zunge als „taktiles Vergrößerungsorgan", das einzigartig sensible, sensorische und motorische Funktionen kombiniert.

Die emotionale Komponente oraler Sinnesempfindungen beruht auf der reichen Verarbeitung im limbischen System. Orale Sinnesempfindungen sind eng mit Wohlbefinden oder Ablehnung verknüpft, sie werden in einem Spektrum zwischen Genießen oder Würgen beantwortet.

Entwicklung der oralen Sensibilität

Die frühe Anlage und Aktivität der oralen Sinnesorgane beim Embryo bereiten die Mundhöhle auf lebenswichtige Aufgaben vor. Nach der 8. Embryonalwoche befinden sich bereits im Bereich der Zunge und Lippen Geschmacks- und Tastrezeptoren. In der 12. Woche lassen sich erste Schluckvorgänge, ab der 29. Woche rhythmische Saugbewegungen beobachten.

Bei der Geburt ist die taktil-kinästhetische Empfindung von Lippen- und Mundraum weiter entwickelt als z. B. die der Hand. Die Mundregion erschließt den Kontakt zur Außenwelt in der ersten sozialen Interaktion zwischen Säugling und Mutter beim Stillen. Im Saugakt lernt der Säugling das Tasten und die rhythmische Einspielung der Muskulatur beim Schlucken und Atmen, die Abstufung der Druckkräfte im Mund. Er lernt Schmecken, Fühlen und Empfinden, er erfährt Behagen. Beim Neugeborenen agieren im Saug-Schluck-Akt Zungenspitze und Lippen als funktionelle Einheit. Im 4. Lebensmonat löst sich diese reflektorische Synergie auf, die Lippen lernen den Mundschluß. Mit dem Durchbruch der Milchzähne verändert sich die Mundraumwahrnehmung, die Zunge orientiert sich nach hinten oben in eine rückverlagerte Ruheposition am harten Gaumen.

Der okklusale Kontakt, der Größenzuwachs der Mundhöhle und die zunehmende Feinmotorik der orofazialen Muskeln scheinen den sensomotorischen Wechsel im Schluckmuster zu bedingen. Als haptisches Organ wird die Mundhöhle unter anderem in der oralen Entwicklungsphase erprobt. Dabei dienen die vielfältigen Sinnesempfindungen der Information, „was der Mund alles kann", und der Exploration naher Objekte. Der Mundraum gewinnt eine dreidimensionale Wahrnehmung vom Objekt, er kann – wie die Hand – den Gegenstand „erfassen".

Stereognostischer Prozeß

Der oralstereognostische Prozeß ist vielstufig, beinhaltet aber drei Hauptebenen der Informationsverarbeitung:
- Die taktil-kinästhetische Empfindung mit den Organen des orofazialen Systems. Das dreidimensionale Tasten und Identifizieren wird geleistet von den Sinnesrezeptoren der Zunge gemeinsam mit jenen der Schleimhaut des vorderen Gaumens (Sensation).
- Afferente Nervenbahnen leiten die Empfindungen der elementaren Eigenschaften (Größe, Form, Konsistenz, Temperatur, Oberflächenbeschaffenheit des Objekts) zu den spezifischen Rindengebieten des ZNS (Perzeption).
- In den somatosensiblen Assoziationsarealen der Hirnrinde findet die höchste Stufe der Analyse und Verarbeitung der oralen sensiblen Information statt: Der Vergleich mit früheren Erfahrungen ermöglicht das Erkennen des Objekts (Kognition, Abb. **33**).

Die Leistung der oralen Stereognose hängt somit von der Integrität der oralen Organstrukturen, deren afferenten Nervenbahnen und der Reifung des Gehirns ab.

Ebenso sind weitere Fähigkeiten der Mundraumsensibilität von Bedeutung, die Zweipunktdiskrimination und das reziproke Tastvermögen.

Mit Zweipunktdiskrimination bezeichnet man die Fähigkeit, dicht nebeneinanderliegende Punkte zu unterscheiden, sie nicht als einen wahrzunehmen. Die Mitte

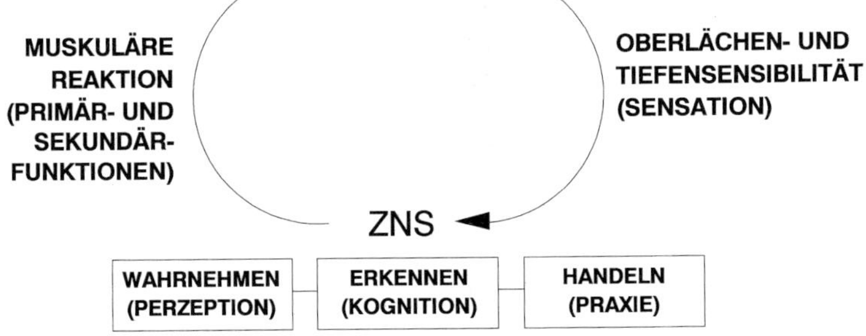

Abb. **33** Die Mundhöhle als Sinnesorgan.

der Zungenspitze ist sensiblen Reizen gegenüber am empfindlichsten, d. h. zwei der Punkte, die nur 1–2 mm voneinander liegen, werden unterschieden. Es folgen in der Diskrimationsfähigkeit die Mitte der Oberlippe, der Alveolarrand, der Zungenrücken bzw. -rand, die Wangenschleimhaut, der weiche Gaumen und zuletzt die Gaumenbögen.

Für das Formerkennen ist das hohe Auflösungsvermögen von Zungenspitze und vorderen Gaumen wichtig.

Das reziproke Tastvermögen vermittelt kinästhetische Informationen, die nicht von der Zunge allein sondern durch Berührung von Zunge und Gaumen gewonnen werden. Dieses Tastvermögen entwickelt sich aus der Suche nach peripheren Reizen und gegenseitiger Stimulation; es definiert die Verhältnisse im Mundraum.

Physiologisch findet die Kontaktaufnahme zwischen Zungenrücken und Gaumensegel, Zungenspitze und Papilla incisiva, Ober- und Unterlippe statt. Eine „pathologische“ Kontaktsuche (Zungenspitze – Unterlippe, Unterlippe – obere Schneidezähne, Zunge – Zähne) kann für die Entstehung von gestörtem orofazialen Bewegungsmuster und/oder Dysgnathien verantwortlich sein.

Defizite in der oralen Sensibilität werden häufig durch dyskoordinierte, verstärkte orofaziale Bewegungen kompensiert. Dahan (1981) beschreibt Dysfunktionen der Lippen-, Kiefer- und Zungenmuskulatur als fehlgeleiteter Koordination von sensibler Wahrnehmung und motorischem Verhalten.

Die orale Stereognose ist beim Lautbildungsprozeß eine psychophysische Grundlage (van Riper 1978). Über die Propriozeption von Lippen, Zunge, Gaumen und Unterkiefer bilden sich taktil-kinästhetische Rückkoppelungsmechanismen aus, welche die automatisierten Sprechbewegungen steuern. Die Empfindlichkeit für Druck, Berührung und räumliche Orientierung dient der Selbstwahrnehmung beim Sprechen.

Signifikante Unterschiede in der stereognostischen Leistung bestehen bei hörgestörten Kindern, die eine richtige Artikulation erlernten, und solchen, die Schwierigkeiten beim korrekten Lauterwerb hatten (Fish 1975). Kramer (1988) weist auf das schwache kinästhetische Empfinden bei manchen Sigmatismen hin, das vor der logopädischen Behandlung bewußtgemacht und entwickelt werden sollte.

Anamnese und Diagnostik

Im Vorschulalter sind Störungen der Artikulation oft Leitsymptom für orofaziale Dysfunktionen. Ihre Früherkennung und Differentialdiagnose ist ein spezielles Aufgabengebiet der Phoniatrie und Logopädie.

Nur auf der Grundlage einer genauen Anamneseerhebung und exakten Befundung kann eine individuell abgestimmte Therapieplanung erfolgen. Diagnostikschema Abb. **34**.

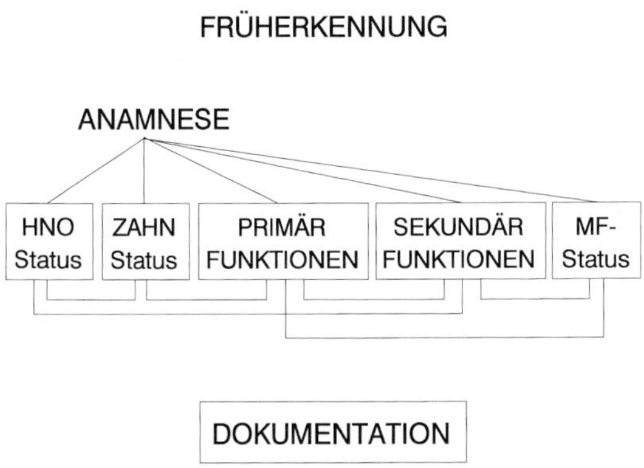

Abb. **34** Diagnostikschema zur Erfassung orofazialer Dysfunktionen.

Anamnese

Durch gezielte Fragen nach der geistigen, körperlichen und psychischen Entwicklung des Kindes, der Familiensituation und sozialen Einflüsse soll Einsicht in die ätiologischen Zusammenhänge der orofazialen Problembereiche gewonnen werden.

Die wichtigsten Daten über die familiäre Situation und schulische Bildung, über Schwangerschaft und Geburt, Ernährung und Eßgewohnheiten, Art und Dauer des Stillens, Zeitpunkt der Umstellung auf feste Nahrung, statomotorische und sprachliche Entwicklung sowie Lutschunarten und Abbau von oralen Habits werden über einen Anamnesebogen erhoben.

Diagnostik

Eine umfassende Diagnostik setzt sich zusammen aus einer fachärztlichen Begutachtung (HNO/Phoniatrie, Zahnheilkunde), einer Beurteilung der Primär- und Sekundärfunktionen sowie der Erstellung eines myofunktionellen Status. Die erhobenen Befunde sollten zumindest vor und nach einer myofunktionellen Therapie dokumentiert werden.

HNO-fachärztliche/phoniatrische Untersuchung

Sie beurteilt die Ohren und das Gehör, die Atmung, Größe und Form der Adenoide und Gaumentonsillen, Größe, Lage und Motilität der Zunge, die Form des harten Gaumens und Ausprägung der Rugae palatinae, die Form und Beweglichkeit des Gaumensegels, eventuelle skelettodentale Mißbildungen sowie den Kehlkopf.

Da bei Kindern myofunktionelle, artikulatorische und HNO-spezifische Störungen in enger Verbindung stehen, bedarf es einer genauen Ausschlußdiagnostik, bei der zunächst die HNO-spezifischen Einflüsse analysiert werden, z. B. Beurteilung der Adenoide und Tonsillen und ihre Auswirkung auf Atmung und Zungenlage.

Zahnstatus

Gebiß, Zahnfleisch, Kiefergelenk und Unterkieferbewegungen werden beurteilt, klassifiziert und Auswirkungen auf die Lautbildung berücksichtigt.

Primärfunktionen

Bei der Beurteilung wird die Art der Nahrungsaufnahme geprüft. Man läßt das Kind abbeißen oder etwas von einem Löffel nehmen, feste Nahrung kauen und schlucken sowie aus einem Plastikbecher mit durchsichtigem Boden trinken. Es werden Speisen unterschiedlicher Konsistenz (Banane, Apfel, Joghurt, Schwarzbrot) angeboten.

Aus der Beobachtung der orofazialen Bewegungsmuster lassen sich wichtige Fragen beantworten, wie z. B.:
- Wie beißt das Kind ab?
- Grimassiert es beim Kauen und Schlucken?
- Kaut und schluckt es geräuschvoll?
- Rutscht die Zunge beim Schlucken und Trinken zwischen die Zahnreihen?

Darüber hinaus sollte auch eine Prüfung der perioralen und oralen Sensibilität einschließlich einer Beurteilung der Geschmacks- und Temperaturwahrnehmung sowie der Form- und Konsistenzwahrnehmung erfolgen.

Sekundärfunktionen

Die Prüfung (Artikulation, Phonation) umfaßt die Erstellung eines Sprach- und Stimmstatus.

Myofunktioneller Status

Es werden Körperhaltung/-tonus, Gesichtssymmetrie einschließlich perioraler Hautirritationen, Lippenstruktur und -form, Zungenform, -lage und -sensibilität beurteilt.

Die wichtigsten orofazialen Muskeln des äußeren und inneren Funktionskreises, die mimischen Muskeln und die Motilität der Zunge und des Gaumensegels werden funktionell geprüft.

Dokumentation

Messung der Lippenkraft mit der Federwaage nach Garliner

Ein flacher Knopf in der Größe von etwa 1,5–2 cm im Durchmesser wird mit einem Faden ins Vestibulum oris plaziert. Der Patient wird aufgefordert, den Knopf mit seinen Lippen festzuhalten. Der Faden wird in den Haken der Federwaage eingehängt, und der Therapeut zieht am Kraftmesser, bis der Patient den Knopf losläßt. Auf der Skala des Kraftmessers (Federwaage) kann das Meßergebnis abgelesen werden. Die Messung wird 3mal durchgeführt; der Mittelwert wird in den Dokumentationsbogen eingetragen.

Nach Garliner liegt die Kraft des M. orbicularis oris für die meisten Altersgruppen zwischen 1,5 und 2,5 kp bei guter Gesichtsmuskelbalance.

Payne-Technik (Abb. **35**, Abb. **36 a–c**)

Zur Beurteilung der Zungenstellung beim Schlucken wird auf die Zungenspitze und seitlichen Zungenränder eine fluoreszierende Substanz aufgebracht und der Patient zum Leerschlucken aufgefordert. An den Kontaktstellen der Zunge mit den Zähnen bleibt die Farbsubstanz haften. Mit einer Schwarzlichtlampe wird die Mundhöhle ausgeleuchtet und der fluoreszierende Abdruck in das Zahndiagramm des Dokumentationsbogens eingezeichnet.

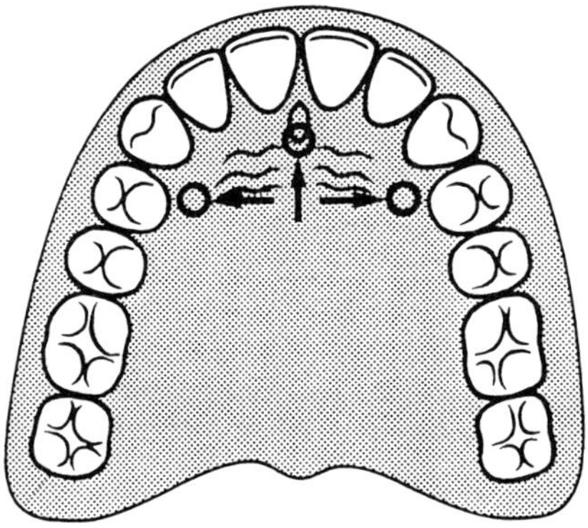

Abb. **35** Normale Zungenstellung während des Schluckens, dokumentiert mit Payne-Technik (aus Garliner, D., Myofunktionelle Therapie in der Praxis. Zahnärztlich-medizinisches Schrifttum, München 1989).

Muskelfunktionsprüfung

Musculus masseter. Die Zeigefinger und Mittelfinger beider Hände werden beidseits auf den M. masseter im Bereich des aufsteigenden Unterkieferastes aufgelegt. Der Patient wird aufgefordert, die Zahnreihen locker zu öffnen und zu schließen sowie die hinteren Zahnreihen fest zusammenzubeißen. Die Beurteilung erfolgt nach den Kriterien normal, hyperton, hypoton bzw. seitendifferent.

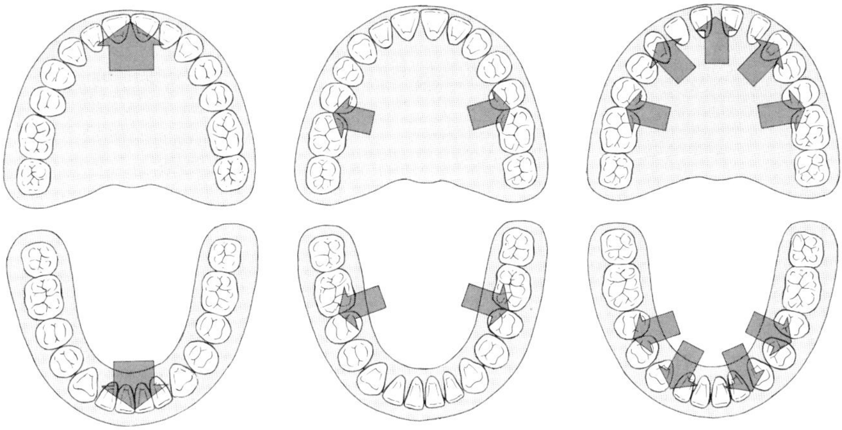

Abb. **36 a–c** Abweichende Schluckmuster, dokumentiert mit Payne-Technik, **a** anteriores, **b** bilaterales, **c** totales Schluckproblem (aus Garliner, D., Myofunktionelle Therapie in der Praxis. Zahnärztlich-medizinisches Schrifttum, München 1989).

Musculus mentalis. Dieser ist während des Schluckaktes passiv. Spannt sich der Mentalismuskel beim Schlucken und wird die Schluckbewegung von Grimassieren begleitet, ist dies ein Hinweis auf ein falsches Schluckmuster.

Orale Stereognose

Tests zur oralen Stereognose sind ein wichtiges diagnostisches Instrument zur Beurteilung orofazialer Dysfunktionen.

Anhand von neun verschieden geformten Testplättchen aus Acrylat (ca. 1 mm dick und 12 mm im Durchmesser) mit unterschiedlichen Schwierigkeitsgraden wird die stereognostische Leistung überprüft. Testplättchen für die orale Stereognose (Abb. **37**).

Das Kind benennt zunächst die einzelnen Testplättchen. Die damit geleistete Begriffsfindung bereitet die spätere Identifikation im Mundraum vor. Bei geschlossenen Augen wird dem Kind ein Plättchen – gesichert durch einen Faden – auf das vordere Zungendrittel gelegt.

Kinder mit normal entwickelter Stereognose heben zum Diskriminieren die Zunge an den Gaumen, erkennen die einzelnen Plättchen schnell und ohne Kraftanstrengung.

Kinder mit „pathologischer" oder nicht ausgereifter Stereognose bewegen das Plättchen im Mund, suchen nach einer Indentifikation an den Zähnen oder mit den Lippen; sie brauchen mehr Zeit und Kraft und machen deutlich mehr Fehler. Die runden Formen werden leichter erkannt, die Plättchen „Kreuz" und „Stern" sind am schwersten zu differenzieren.

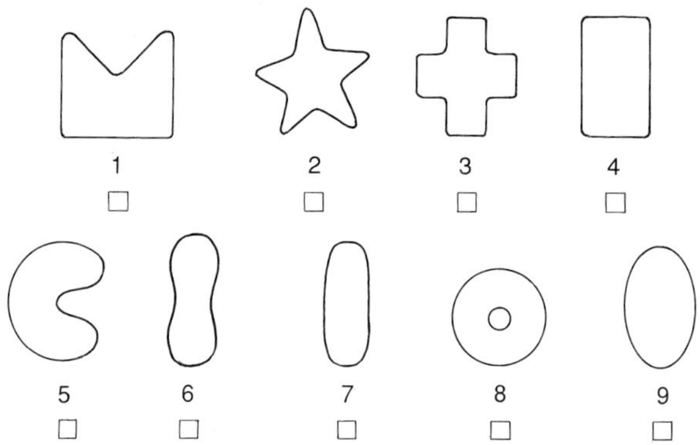

Abb. **37** Testplättchen für die orale Stereognose.

Zungensonographie

Die sonographische Untersuchung der Zunge kann bereits bei Kindern im Vorschulalter zur Beurteilung der Artikulations- und Schluckmuster sowie zur Kontrolle der Therapieerfolge herangezogen werden (Bigenzahn 1988, Böcker 1989, Uttenweiler 1993, Wein u. Mitarb. 1988, 1993); sie ist ungefährlich und unbelastend. Meßanordnung Abb. **38**.

Von einem Schallkopf, der an den Mundboden gehalten wird, werden wiederholt ultrakurzwellige Schallimpulse nach kranial abgestrahlt, durch die Weichteile, nicht aber durch Luft und Knochen geleitet und an den Grenzflächen verschiedener Gewebsstrukturen zu unterschiedlichen Anteilen reflektiert. Die Echos werden vom Schallkopf aufgezeichnet, und von einem Rechner Bilder des durchschallten Gewebes erstellt.

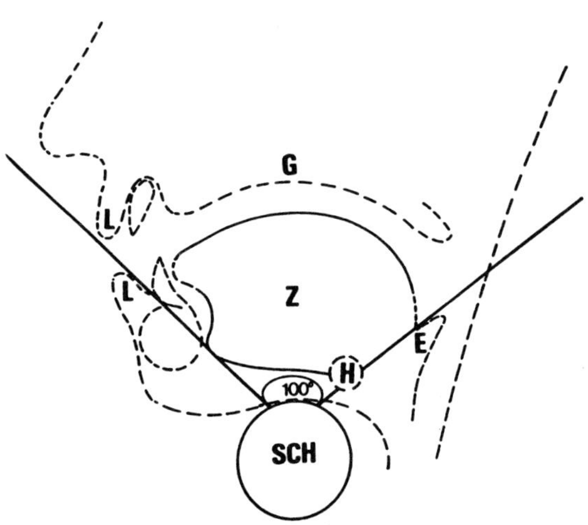

Abb. **38** Meßanordnung der Zungensonographie (Sch = Schallkopf, Z = Zunge, G = Gaumen, L = Lippen, E = Epiglottis, H = Hyoid. Gestrichelte Strukturen werden sonographisch nicht erfaßt (aus Wein, B. u. Mitarb., Nervenarzt 59 (1988) 143).

Tonsillensonographie

Sie ermöglicht die Beurteilung der Größe der Tonsillen und der Beziehung zum Zungengrund.

Große Tonsillen begünstigen eine Vorverlagerung des Zungenkörpers und damit eine interdentale Zungenlage. In vielen Fällen gibt die Zungensonographie die Indikation zur Tonsillektomie aus rein funktionellen Gesichtspunkten (Abb. **39**).

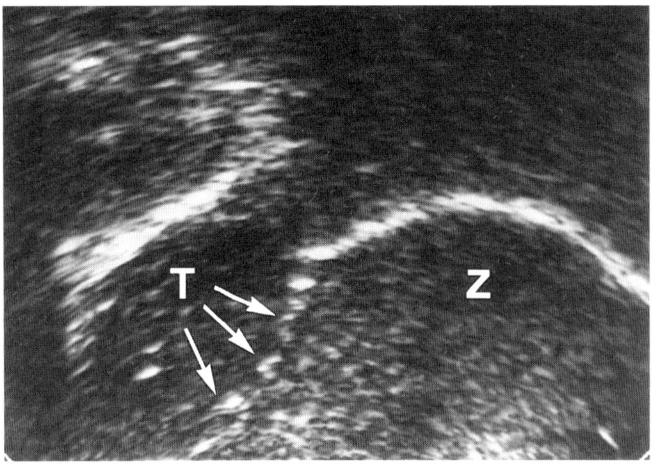

Abb. **39** Sonogramm mit vergrößerter Tonsille und Impression im Zungengrund.

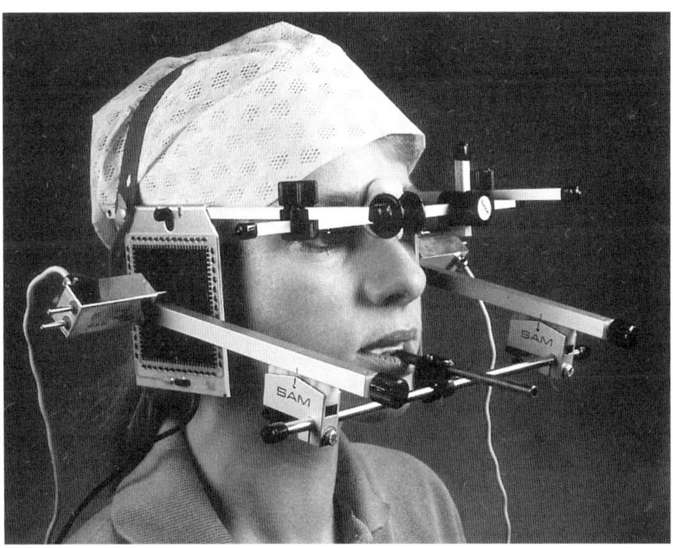

Abb. **40** Axiograph, adjustiert am Kopf der Patientin.

Axiographie

Die elektronische Axiographie ermöglicht eine frühzeitige differentialdiagnostische Aussage über Störungen im stomatognathen System. Am Kopf des Patienten wird ein doppeltes Gesichtsbogensystem angebracht (Abb. **40**). Der Unterkieferbogen dient als Aufzeichnungsbogen. Der oberkieferfeste Bogen trägt sagittal stehende Flaggen. Über sog. Styli werden auf elektronischem Weg die Bewegungen des Unterkiefers (der Schanierachspunkte der Kiefergelenke) über einen parokklusalen Löffel übertragen und computergestützt aufgezeichnet (Slavicek 1988, Abb. **41**).

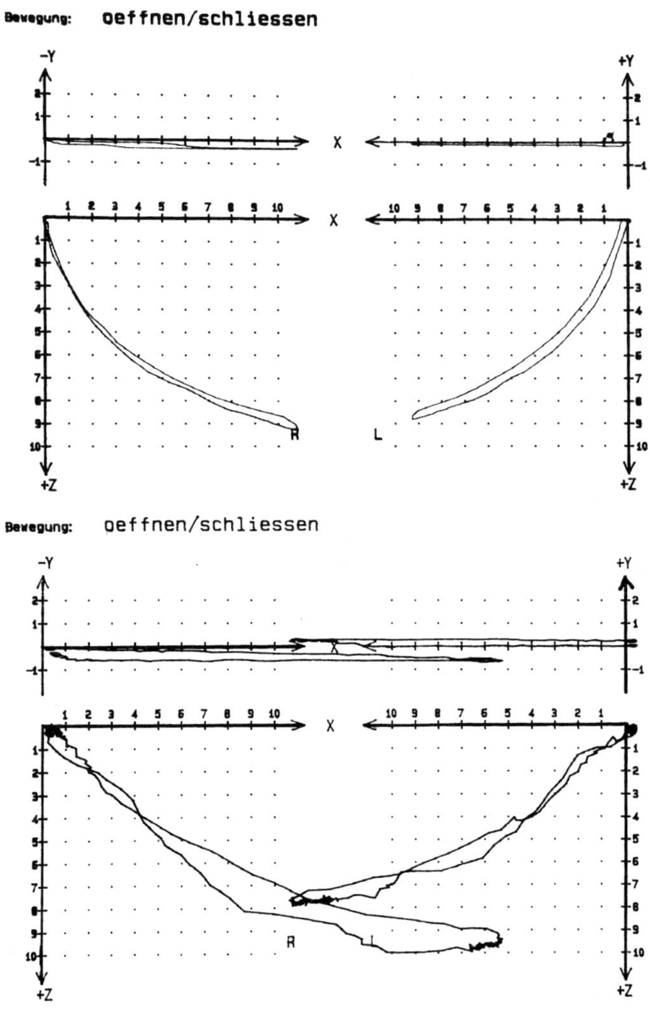

Abb. **41** Axiographische Aufzeichnung eines 10jährigen Mädchens mit ausgeprägter Dysfunktion und inzipienter Kiefergelenkspathologie. Im Vergleich zur orthopädischen Norm (oberes Bild) zeigt sich eine deutliche Rechts-links-Asymmetrie mit Hypermobilität und lockerer Ligamentsituation sowie eine angedeutete Achterschleife, die Hinweis auf eine beginnende Kiefergelenkpathologie gibt (aus Bigenzahn, W., u. Mitarb.: Folia Phoniatr. 43 [1991]).

Artikulographie

Die elektromagnetische Artikulographie (EMA, Abb. **42** u. **43**) ermöglicht die Darstellung der Lippen-, Zungen- und Gaumensegelbewegungen während des Sprech- und Schluckvorganges in der Mediansagittalebene (Schönle 1988, Piehslinger 1994).

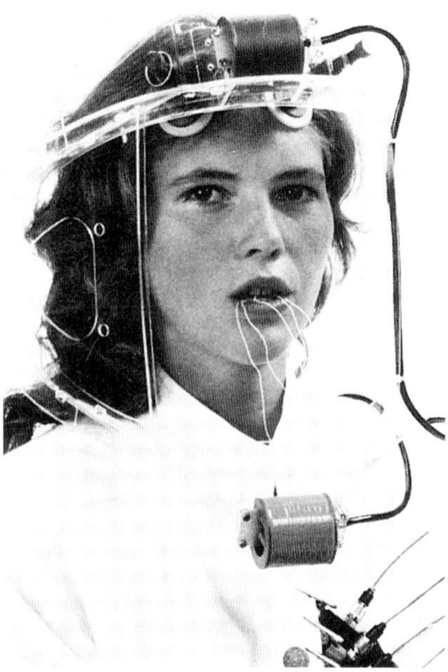

Abb. **42** Der Helm des Artikulographen ist am Kopf der Patientin adjustiert. Die Empfängerspulen, die an der Unterlippe und an der Zunge befestigt sind, bewegen sich in einem schwachen Magnetfeld, das von drei Magnetspulen (Kinn-, Stirn- und Nackenspule) erzeugt wird. Die Bewegungen der Empfängerspulen können auf dem Computerschirm sichtbar gemacht werden.

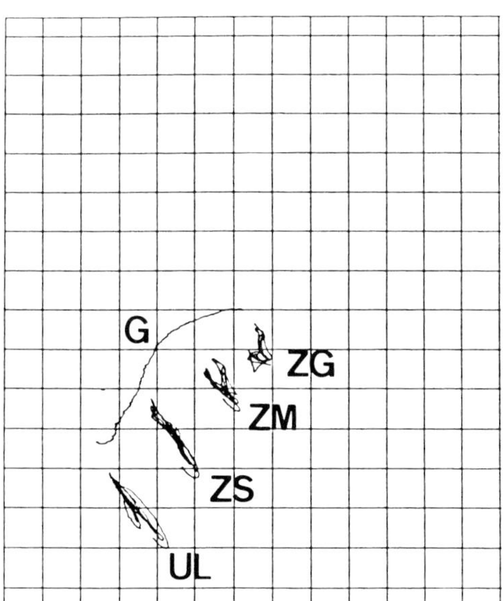

Abb. **43** Bewegungsmuster der Unterlippe (UL), Zungenspitze (ZS), Zungenmitte (ZM) und des Zungengrundes (ZG) während der Bildung der Testsilbe „ATA“ bei einem 14jährigen Mädchen.

Fotodokumentation

Vor und nach einer Myofunktionellen Therapie sollten als diagnostische Unterlagen folgende Fotos angefertigt werden:

- Frontansicht des Patienten in Ruhe,
- Seitansicht des Patienten in Ruhe,
- Frontansicht der Zähne in Okklusion,
- Seitansicht der Zähne in Okklusion.

Tondokumentation

Altersentsprechende Bilder oder Bildgeschichten bzw. Standardtexte werden zur Tondokumentation vorgegeben.

Therapie

Die klassische Myofunktionelle Therapie (MFT) nach Garliner (1974, 1989) gilt im deutschen Sprachraum als Wegbereiter für die Behandlung myofunktioneller Störungen der Orofazialregion. Durch zahlreiche Fortbildungskurse und jährliche MFT-Kongresse etablierte sich diese sowohl in der Phoniatrie und Logopädie als auch in der Zahnheilkunde und Kieferorthopädie.

Zusätzlich wurden in den letzten 20 Jahren auch andere Therapiekonzepte publiziert (u. a. Breitwieser 1989, Castillo-Morales 1991, Clausnitzer 1991, Dahan 1985, Freiesleben 1990, Graf-Pintus 1987, Hahn 1988, Kittel 1984, Lleras 1993, Padovan 1976, Thiele 1966, 1992, Wohlleben 1987).

In Abhängigkeit vom Alter sowie von der körperlichen und geistigen Entwicklung des Kindes werden vier logopädisch orientierte Therapiekonzepte vorgestellt:
- Logopädisch Orientierte Orofaziale Therapie (LOOFT) für Kinder im Vorschul- und Schulalter,
- Heidelberger Gruppenkonzept für myofunktionelle Störungen (GRUMS) für Kinder ab dem 4. Lebensjahr,
- Maßnahmen zur Förderung der oralen Stereognose,
- Wiener Konzept zur Therapie orofazialer Dysfunktionen für Patienten ab dem Schulalter.

Logopädisch orientierte orofaziale Therapie (LOOFT) für Kinder im Vorschul- und Schulalter

Basierend auf logopädischen Notwendigkeiten und myofunktionellen Erfordernissen hat Hammerle (1988) ein modifiziertes myofunktionelles Therapiekonzept für Kinder im Vorschul- und Schulalter erstellt. Ergänzende Literatur bei Schalch (1994), Garliner (1980), Padovan (1982).

Unter Berücksichtigung des neurophysiologischen Reifungsgrades, der psychosozialen Entwicklung und des orofazialen Befundes, ist die LOOFT in zwei Bereiche gegliedert, wobei den einzelnen Bereichen Therapiephasen zugeordnet sind.

Der erste Bereich umfaßt die Anamnese und Diagnostik mit
- Fragen zur Erhebung der Krankengeschichte,
- Erhebung des orofazialen Befundes (S. 50f).

Die Therapiephase I wird als Vorprogramm bezeichnet (S. 51ff).

Der zweite Bereich umfaßt das strukturierte Therapieprogramm mit den Therapiephasen II, III und IV (S. 56ff).

Das Vorprogramm und das strukturierte Therapieprogramm enthalten:
- wahrnehmungstherapeutische Methoden,
- Orofazial stimulierende Vorgangsweisen aus der Mund- und Eßtherapie.
- Übungen aus der klassischen Myofunktionellen Therapie,
- logopädische Basisübungen zur Aktivierung der Mundmotorik.

Als Therapieziele der *Therapiephase* I werden angestrebt:

Im *Vorprogramm:*
- Verbesserung der oralen Sensibilität und Motorik,
- Einspielen der Nasenatmung,
- Entwöhnung von schädlichen Lutschgewohnheiten,
- Verbesserung der Eß- und Schluckfunktion.

Im *strukturierten Therapieprogramm – Phase II/III/IV* (aufbauend auf den Inhalten und Zielen des Vorprogramms):
- normale Lippenposition und Zungenplazierung in Ruhe,
- Anbahnen und Automatisieren der richtigen Schluckbewegung sowie der Koordination der beteiligten orofazialen Muskeln beim Schlucken ohne Nahrung sowie beim Schlucken mit fester, breiiger und flüssiger Nahrung,
- Anbahnen und Automatisieren der richtigen Artikulation.

Vor Beginn der LOOFT wird die individuelle Anamnese und der HNO-, Zahn-, Sprach-, Stimm- und myofunktionelle Status des Kindes erhoben.

Erst aufgrund dieser genauen Diagnostik läßt sich eine individuelle Therapieplanung erstellen und eine effektive Therapie gestalten.

Die Übungsauswahl und der Übungsaufbau sind so zu wählen, daß einzelne Teilziele mit Sicherheit erworben und beherrscht werden, so daß bereits erarbeitete Teilziele als Grundlage für nachfolgende wirksam werden.

Die Übungszeiten werden jeweils auf die individuellen Fähigkeiten des Kindes und familiären Gegebenheiten abgestimmt und mit dem Patienten bzw. der Bezugsperson abgesprochen.

Aufbau der Therapie: Erster Bereich

Übersicht	Anamnese und Diagnostik	
Anamnese	Allgemeine Anamnese	
	Psychosoziale Anamnese	
	Spezielle orofaziale Anamnese Ernährungsgewohnheiten - Brusternährung - Stilldauer - Flaschennahrung - Umstellung auf feste Nahrung - derzeitige Eßgewohnheiten Lutschgewohnheiten	
Diagnostik	HNO-Status und Audiogramm	
	Zahn- und Kieferstatus	
	Neuropädiatrischer Status	
	Sprach- und Stimmstatus	

Diagnostik	Myofunktioneller Status Körperkontrolle in Ruhe – Haltung Kopf-Hals-Bereich – Mund- und Nasenatmung Orofaziales System – Gesichtssymmetrie – Lippenform – Zungenplazierung – Gaumenform – Rugae platinae Muskelfunktion – Mimik – Lippenmotorik – Zungenmotorik – Unterkiefermotorik – Gaumenmotorik Schluckfunktion – Leerschlucken (Speichelschlucken) Schlucken mit Nahrung – feste, breiige, flüssige Nahrung Trinken	
	Artikulation /m/ /p/ /b/ /w/ /f/ /l/ /n/ /t/ /d/ /s/ /x/ /ts/ /ʃ/ /j/ /ç/ /g/ /k/	
Therapiephase I	Vorprogramm	
	Spiele zur Anregung/Aktivierung – der Sensibilität – der Zungensensibilität und Zungenmotorik – der Lippen- und Wangensensibilität/-motorik – des Lippenschlusses – der Unterkieferbewegung	
	Entwöhnung von Lutschgewohnheiten	
	Passiv stimulierende Maßnahmen – zur Beeinflussung der Mundsensibilität – zur Beeinflussung des orofazialen Muskeltonus – Eßtraining – Trinktraining	

Vorprogramm: Therapiephase I

Es beginnt mit einer gezielten Eltern- und Kindberatung auf der Grundlage der anamnestischen Daten und der erhobenen Befunde. Es werden die Inhalte und Ziele der LOOFT in Beziehung zum Gesamtstatus mit den Eltern besprochen.

Das Vorprogramm ist gedacht für Kinder der Altersgruppe der 3- bis 5jährigen mit altersentsprechender neurophysiologischer Reife und psychosozialer Entwicklung; ebenso für ältere Kinder mit ungenügender Fähigkeit, feinmotorische Abläufe bewußt zu steuern und zu koordinieren.

Das Vorprogramm bietet zunächst Spielanregungen an, um das orofaziale System des Kindes für das Kind zunächst unbewußt zu stimulieren, ihm die Stimulationen später dann aber zunehmend bewußter zu machen.

Daran anschließend wird das Interesse des Kindes für physiologische und unphysiologische Abläufe der orofazialen Muskulatur in Beziehung zur Zahn- und Kieferstellung geweckt.

Darauf aufbauend werden mit dem Kind seine schädlichen Lutschgewohnheiten besprochen und gemeinsam ein Weg zur Entwöhnung dieser Gewohnheiten (Habits) erarbeitet.

Nach erreichtem Habitabbau kann über passiv stimulierende Maßnahmen das Eß- und Schluckverhalten beeinflußt werden. Ist das Kind dafür noch nicht motivierbar, kann dieser Abschnitt der logopädisch orientierten orofazialen Therapie (LOOFT) zu einem späteren Zeitpunkt behandelt werden.

Spiele zur Anregung der Sensibilität

- Körperwahrnehmungen
  Das Kind liegt auf einem großen Bogen Papier.
  Die Therapeutin umzeichnet zunächst mit ihren Händen die Körperkonturen des Kindes, danach mit einem Stift. Das Kind versucht diese sodann nachzuempfinden. In der Folge werden Körperpunkte des Kindes berührt, z. B. Schulter, Knie. Das Kind soll mit dem Finger diese auffinden.
- Fingerwahrnehmungsübungen
  Das Kind legt die Hände mit leicht abgespreizten Fingern auf den Tisch. Es schließt die Augen. In dieser Phase wird es an einem Finger berührt, anschließend öffnet es die Augen und berührt den eigenen Finger an dem es stimuliert wurde.
- Übungen am Gesicht und an den Lippen
  Die gleiche Übung wie sie oben beschrieben ist wird an Stellen des Gesichts und an den Lippen durchgeführt. Schwieriger kann die Übung gestaltet werden, indem man Gegenstände andrückt und diese danach erraten läßt. Die Berührungsstelle soll das Kind spüren und zeigen.
- Berührung des Mundraumes
  Mit einem befeuchteten Wattestäbchen werden verschiedene Stellen im Mundraum berührt, das Kind soll diese mit der Zunge finden. Als letzte Zielstelle soll das Kind mit der Zunge die Papilla incisiva mit Sicherheit auffinden.

Spiele und Anregungen der Sensibilität und Motorik-Zungensensibilität und Zungenmotorik („Weg zur Zungenplazierung")

- Massieren der Rugae palatinae (r. p.) und des vorderen Zungendrittels,
- Stimulation der Zungenspitze und der Rugae palatinae mit befeuchtetem Wattestäbchen (z. B. verdünntes Mundwasser). Zungenspitze an Rugae palatinae nahe der Papilla incisiva halten. Auffinden der r. p. bei leicht geöffnetem Mund. Nach sicherem Auffinden der r. p. bei geöffnetem Mund wird die Zungenspitze auch bei geschlossenen Zahnreihen richtig plaziert. Richtige Zungenplazierung in Ruhe kann z. B. während des Legens eines Puzzles geübt werden.
- Zerdrückte Banane, Nutella, Apfelmus u. a. von einem Brett schlecken lassen.

- Dem Kind werden nacheinander unterschiedliche Lebensmittel auf die Zunge gegeben, es soll diese nach Geschmack, Konsistenz, Form und Temperatur erkennen.
- Der Therapeut übernimmt die Rolle eines Clowns, der mit seiner Zunge verschiedene Bewegungen ausführt. Das Kind zeigt Interesse und beginnt diese spontan nachzuahmen. Clown-Geschichten erfinden, wobei der Zunge die Rolle des Clowns zugeordnet wird. Der Clown führt unterschiedliche „Späße und Handlungen" aus, z. B. geht er zum Spielplatz, schnalzt dabei ein Lied, fährt dann mit dem Karusell, Zunge kreist an den Lippen.

Spiele zur Anregung (Aktivierung) der Lippen- und Wangensensibilität sowie Lippen- und Wangenmotorik

- Mit dem Kind wird ein Windrad gebastelt, das Windrad stimuliert zum spontanen Anblasen.
- Der Luftballon stimuliert zum Aufblasen.
- Das Seifenwasser stimuliert zum dosierten Anblasen von Seifenblasen.
- Kleine Autos zum Fahren anblasen, in einen Tunnel blasen, in eine Garage blasen.

Spiele zur Aktivierung des Lippenschlusses

- Ein Holzspatel wird mit den Lippen gefaßt, das Kind ahmt im Rollenspiel einen Hund nach und läuft mit der Vorstellung einen Stock zu tragen im Zimmer herum.
- Ein Samtband wird mit den Lippen gehalten, und während des Lippenschlusses werden Puzzles gelegt oder Memory gespielt. Bewegungsaktive Kinder können die Übungen mit dem Samtband auch während der Ausführung von Bewegungsabläufen, z. B. Klettern, Springen, durchführen.
- Ein Faden, mit Knoten versehen, wird vom Kind mit den Lippen gefaßt. Der Therapeut zieht den Faden zwischen den Lippen des Kindes weiter. Sobald das Kind einen Knoten wahrnimmt, antwortet es mit dem Laut /m/. Kann das Kind schon zählen, zählt es die Zahl der Knoten still mit.
- Das Kind bestreicht seine Lippen mit Lippenstift, danach schließt und spürt es seine Lippen. Es hält die Lippen geschlossen und macht Lippenabdrücke auf Papier.

Anregungen der Unterkieferbewegung

Das Kind ahmt verschiedene Tiere nach, die den Schnabel oder das Maul öffnen und schließen, den Unterkiefer vor- und rückschieben, seitliche Verschiebungen nach rechts und links ausführen. Die Unterkieferbewegungen können auch im Rollenspiel in der Nahrungsaufnahme von Tieren nachgeahmt werden.

Entwöhnung von Lutschgewohnheiten

Für den Einstieg zur Entwöhnung von Lutschgewohnheiten sind wesentliche Aspekte aus der Anamnese zu berücksichtigen, u. a. die
- Art, Dauer und Häufigkeit der Lutschgewohnheiten,
- Situationsgebundenheit der Lutschgewohnheiten,
- Mutter-Kind-Beziehung,
- Eingliederung des Kindes in Familie und Umwelt.

Voraussetzung für eine erfolgreiche Entwöhnung beim 3-bis 5jährigen Kind ist eine gute Mutter-Kind-Beziehung. Scheint das nicht der Fall zu sein, empfiehlt sich eine fachspezifische psychologische oder familientherapeutische Beratung wegen der Beziehungsproblematik.

Die Motivation zur Entwöhnung erfolgt bereits im Vorprogramm durch Spielanregungen zur Sensibilisierung des Kindes auf seinen Mund- und Gesichtsbereich.

An einem Kiefermodell werden die normale Zahn- und Kieferstellung demonstriert, die durch Lutschgewohnheiten verursachte fehlerhafte Kraft- und Druckauslenkung veranschaulicht und deren negative Folgen aufzeigt. Im nächsten Schritt wird das Kind aufgefordert, mit Spielkameraden über seine noch bestehende und bereits abgebaute Lutschgewohnheiten zu sprechen. Erst dann wird gemeinsam mit ihm ein individuell abgestimmtes Lutschentwöhnungsprogramm erstellt.

Bei bereits bestehender Zahnfehlstellung und Kieferverformung wird in Absprache mit dem Kieferorthopäden eine Mundvorhofplatte (MVP) angepaßt. Das logopädische Muskeltraining zielt auf die Einübung der Zungenruhelage ab. Richtige Zungenruhelage, leichter Kiefer- und Lippenschluß, bilden die Voraussetzung für das richtige Tragen der MVP. Diese wird vorerst tagsüber, später auch nachts, über einen längeren Zeitraum getragen.

Bei Lutschgewohnheiten ohne Zahn- und Kieferfehlstellung kann „Riechen statt Lutschen“ mit dem Duftpölsterchen Anwendung finden. Es wird wiederum mit der Korrektur der Zungenfehlfunktion (Therapiephase I, „Weg zur Zungenplazierung“, S. 52) begonnen. Im Anschluß folgen Übungen zur Lippenkräftigung.

Die Mutter wird angeleitet, ein Pölsterchen (ca. 15 × 10 cm) anzufertigen und mit Watte zu füllen. Das Kind wählt ein ihm angenehmes Duftöl, womit das Pölsterchen mit wenigen Tropfen beträufelt wird.

Im Zusammenspiel mit dem Riechen am Duftpölsterchen hält das Kind die richtige Zungen- und Lippenposition, wodurch sich die *physiologische Nasenatmung* einstellt. Diese Übung kann untertags mehrmals wiederholt werden, am Abend begleitend dazu eine Gute-Nacht-Geschichte vorlesen.

Eine weitere bewährte Möglichkeit zur Entwöhnung von Lutschgewohnheiten und anderen oralen Habits (Nägelbeißen, Zähneknirschen) ist die logopädische Vorgangsweise nach Padovan (1976):

- Abgewöhnen des Schnullerlutschens und des Daumenlutschens
  Als Übergangslösung zum Entwöhnen wird der NUK-Schnuller eingesetzt. Für Kinder ab dem 3. Lebensjahr entspricht die NUK-Größe 4.
  Hat das Kind untertags ein großes Bedürfnis nach seinem Schnuller, so soll es etwa 5 Minuten intensiv nach dem richtigen Saugmuster saugen (nicht lutschen!), dann wird der Sauger entfernt.
- Abgewöhnen des Nägelbeißens
  Das Kind wird angeleitet, einen Fingernagel an jeder Hand auszusuchen, an dem der Nagel unversehrt nachwachsen kann; die anderen Fingernägel werden vorerst freigegeben. Die Therapie gilt als abgeschlossen, wenn Nagel für Nagel nachgewachsen ist und die Beißgewohnheit aufgegeben wurde.
- Abgewöhnen des Zähneknirschens
  Vor dem Schlafengehen und auch untertags beißt das Kind unter richtiger Führung des Kiefers jeweils 5–10 Minuten auf einen Beißring. Dies soll eine Ermüdung der Muskulatur bewirken und allmählich zur Entwöhnung des Zähneknirschens führen.

Passiv stimulierende Maßnahmen

Sie werden zur Beeinflussung der Mundsensibilität des orofazialen Muskeltonus sowie zum Erwerb der richtigen Eß-, Abbeiß-, Kau- und Schluckfunktion eingesetzt. Diese Übungseinheit stellt eine Kombination aus sensibilisierenden und tonisierenden Stimulationen im Lippen- und Wangenbereich, Mundvorhof und in der Mundhöhle dar und soll mit der korrekten Zungenplazierung, dem Kieferschluß und dem richtigen Schluckablauf verbunden werden.

Kombinationsübung: Anfangs mit Kieferkontrolle durch den Therapeuten, später ohne therapeutische Hilfestellung.

- Periorale Stimulation (modifiziert nach Schalch 1994)
  Bei guter Körperkontrolle, leicht geneigtem Kopf (langer Nacken), Kiefer- und Lippenschluß sowie *richtiger Zungenplazierung* führt das Kind oder der Therapeut mit dem Zeige- oder Mittelfinger beider Hände die Stimulation durch. Diese erfolgt jeweils von der Nase zur Oberlippe, vom Kinn in Richtung Unterlippe, jeweils im Dreierrhythmus mit streifenden Bewegungen und mittlerer Druckausübung.
- Stimulation im Mundvorhof (modifiziert nach Schalch 1994)
  Die Stimulation erfolgt mit dem feuchten Zeigefinger bei Kieferschluß und *korrekter Zungenplazierung* mit mittlerer Druckausübung (bei Hyposensibilität geringer Druck, bei Hypersensibilität fester Druck). Es wird vom Zahnfleisch von der Mitte des Oberkiefers entlang 3mal zur Seite hin stimuliert, wobei das Kind die Zunge an der Papilla incisiva plaziert hält. Die Stimulation wird in allen vier Quadranten ausgeführt. Vermag das Kind die Zunge, die Lippen, den Ober- und Unterkiefer in richtiger Stellung in Balance zu bringen, ist die Voraussetzung gegeben, die Mundvorhofplatte als passiv stimulierendes Hilfsmittel einzubeziehen.
- Stimulation im Mundvorhof verbunden mit Schlürfen (modifiziert nach Schalch 1994)
  Die vorausgegangene Übung wird insofern erweitert, als das Kind nach jeder Stimulation eines Quadranten durch Nachahmung zum „Schlürfen" angeregt wird. Das Schlürfen stellt eine vorbereitende Übung für den richtigen Schluckvorgang dar (1. und 2. Zungendrittel haben nun richtigen Kontakt zum Gaumen).
- Schlucken ohne Nahrung/Leerschlucken (modifiziert nach Schalch 1994 und Garliner 1980/89)
  Der Therapeut gibt Kieferkontrolle und läßt das Kind nach jeder Stimulation eines Quadranten schlürfen. Er nimmt den Finger aus dem Mundvorhof des Kindes und unterstützt den Schluckvorgang durch kreisende Bewegung des Mittelfingers der Hand, welche die Kieferkontrolle gibt und unter dem Kinn gelagert ist („Schluckhilfe"). Diese Übung wird durch einige Kaubewegungen, anschließendes Schlürfen und Schlucken erweitert. Erst nach diesen schluckvorbereitenden Maßnahmen beginnt das Eßtraining.
- Eßtraining (modifiziert nach Schalch 1994)
  Der Therapeut hält einen Streifen Speck zwischen die Mahlzähne und läßt das Kind kauen. Nach Entfernung des Speckstreifens schluckt das Kind anfänglich noch mit Kieferkontrolle. Ist das Schluckmuster richtig vorbereitet, wird eine zerdrückte Banane auf die Zungenmitte gelegt und Anleitung zum Schlucken gegeben. Speisen wie Brot, Apfel, Karotten werden intensiv gekaut und anschließend richtig geschluckt.

- Trinktraining (modifiziert nach Schalch 1994)
  Das Trinktraining erfolgt zunächst mit einem biegsamen, durchsichtigen Plastikschlauch und dann erst mit dem Therapiebecher oder Glas.
  Die Flüssigkeit wird in sehr kleinen Mengen hinter die unteren Schneidezähne gelenkt und richtiges Schlucken, vorerst unter Kieferkontrolle, eingeleitet. Gelingt dieser Schluckvorgang, wird die Flüssigkeit hinter die Unterlippe plaziert und richtig geschluckt. Übt man mit dem Therapiebecher oder Glas, dürfen nur die Lippen den Becher- oder Glasrand berühren.

Strukturiertes Therapieprogramm mit den Therapiephasen II, III und IV

Dieses Programm ist Kindern der Altersgruppe der 5- bis 8jährigen zugeordnet. Es werden damit Kinder angesprochen, die nicht ausschließlich spielorientiert, sondern soweit konzentrationsfähig sind, daß ihr Interesse auf differenzierte taktil- kinästhetische Wahrnehmungsabläufe gelenkt werden kann.

Im strukturierten Therapieprogramm der LOOFT baut jede einzelne Übung nach ihrem Schwierigkeitsgrad auf der vorangegangenen auf.

Phase II: Sensibilisieren (als Hauptziel)

Verbesserung der Sensibilität. Die Stimulationen des Lippen- und Mundbereichs werden in Verbindung von Lippenschluß, Zungenplazierung und Kieferschluß gesetzt.

Verbesserung der Mundmotorik. Aktivierung der Lippen-, Wangen- und Zungenmuskulatur unter dem Aspekt der Bewegungsempfindung.

Verbesserung der sensomotorischen Organisation. Sensibilisieren des ersten Zungendrittels und der Rugae palatinae. – Trainieren sensomotorischer Abläufe, die das richtige Schluckmuster vorbereiten und das Tragen der Mundvorhofplatte ermöglichen. – Auffinden der richtigen Artikulationsstelle für die Laute /l/ /n/ /t/.

Therapie Phase II	Übungsprogramm
Verbesserung der Sensibilität	Wahrnehmungen an verschiedenen Körperstellen Körperwahrnehmungsübungen Fingerwahrnehmungsübungen Übungen am Gesicht Übungen an den Lippen Übungen im Mundraum Raum-Lage-Wahrnehmungsübungen der Zunge
	Orale Wahrnehmung von Lebensmitteln, Erkennen von – Geschmacksqualität – Konsistenz – Form – Temperatur

Verbesserung der Mundmotorik	Lippenübungen Lippen einziehen, pressen, sprengen, Unterlippe (UL) über Oberlippe (OL) führen, OL über UL Lippen spitzmachen – breitziehen – bei geöffneten Lippen und geschlossenen Zahnreihen – bei geschlossenen Lippen und geschlossenen Zahnreihen Lippen spitzmachen, nach rechts – links, oben – unten bewegen
	Wangenübungen Beide Wangen aufblasen – Lippen sprengen Abwechselnd eine Wange aufblasen – Lippen sprengen Beide Wangen einziehen
	Artikulationsübungen – Labiallaute /m/, /p/, /b/ Wahrnehmung des Lippenschlusses beim Einzellaut Wahrnehmung der Sprengung bei /p/, /b/ Spiel mit Silbenketten – Melodien erraten
	Zungenübungen – Zunge herausstrecken – hineinziehen, zur Oberlippe – Unterlippe führen – zum rechten – linken Mundwinkel führen – rechte – linke Wange hinausschieben – Kreisen an den Lippen und im Mundvorhof – den Gaumen entlang fahren – mit der Zunge die Zähne putzen
Verbesserung der senso-motorischen Organisation	Zungenplazierung Massieren der Rugae palatinae (r. p.) und des ersten Zungendrittels Stimulation der Zungenspitze und r. p. mit Wattestäbchen Auffinden der r. p. bei geöffnetem Mund Richtige Zungenplazierung bei geschlossenem Mund – 1, 2, 3 Übung mit Schlürfen (Garliner 1980) – Zungenplazierung mit einem Gummiring (Garliner 1980)
	Artikulationsübungen – Linguallaute /l/, /n/, /t/, /d/ – /l/ wird vor /n/, /t/, /d/ eingeübt – Übungen des Einzellautes – Silben – Wort-Satzübungen – Integration in die Spontansprache
	Kombinationsübungen Periorale Stimulation Stimulation im Mundvorhof bei richtiger Zungenplazierung und Kieferschluß Stimulation im Mundvorhof mit Schlürfen Einsatz der Mundvorhofplatte

Phase III: Anbahnen eines richtigen Schluckablaufs

Verbesserung der Mundmotorik. Aktivierung des Lippenschlusses und Training des mittleren und hinteren Zungendrittels. – Aktivierung der Masseter- und Kiefermuskulatur.

Schlucken von Speichel. Leerschlucken in unmittelbarem Anschluß an Masseter-, Kiefer- und Zungenübungen.

Trainieren sensomotorischer Abläufe. Das richtige Schluckmuster soll unterstützt werden.

Verbesserung der Artikulation. /ʃ/-Anbahnung erfolgt nach der Zungenübung „Zungenrille“. – Verbesserung der Zischlautbildung /s/ /x/ /ts/ kann schon in der Therapiephase II erfolgen, wenn die Laute /l/ /n/ /t/ nach ihrer Artikulationsstellung richtig gebildet werden und in die Spontansprache integriert sind.

Therapie Phase III	Übungsprogramm
Verbesserung der Mundmotorik	Lippenübungen – Blasübungen – Saugübungen – Halteübungen
	Zungenübungen – Ansaugübungen – Halte-Zieh-Übung – Schnalzübung – Zungenplazierung mit zwei Gummiringen
	Artikulationsübungen – zum Training des zweiten Zungendrittels mit /j/ und /ç/ – zum Training des dritten Zungendrittels mit /g/ und /k/
	Masseterübungen – Massetermassage – Zähneklappern – Öffnen und Schließen des Kiefers – Kautraining mit Kaugummi
Leerschlucken	Schluckübungen mit Kieferkontrolle – Schlucken nach Halte-Zieh-Übung – Schlucken nach Masseterübung Mund schließen – Zähne zusammenbeißen – Therapeut zählt bis 10 – Schlucken mit geschlossenen Lippen – Schlucken nach Kautraining – Schlucken nach Schlürfen – 1, 2, 3 Übung mit Schlucken (nach Garliner 1980) – Wiederholung der Schluckübungen ohne Kieferkontrolle
Trainieren sensomotorischer Abläufe	Kombinationsübungen mit richtigem Schlucken *ohne* Speisen – periorale Stimulation – Stimulation im Mundvorhof (vorerst mit und später ohne Kieferkontrolle)
Verbesserung der Artikulation	Artikulationsübungen /ʃ/

Phase IV: Automatisieren des richtigen Schluckablaufs

Lippenschluß und Zungenruhelage. Automatisieren über längere Zeiteinheiten.

Schlucken von Nahrung. Automatisieren des richtigen Schluckvorgangs mit weicher, fester und flüssiger Nahrung.

Artikulation. Übernahme der korrigierten Artikulationsmuster in die Spontansprache.

Therapie Phase IV	Übungsprogramm
Automatisieren des Lippenschlusses und der Zungenruhelage	Lippenschluß über längere Zeiteinheiten – beim Legen eines Puzzles – während des Memoryspielens – bei Tätigkeiten aus dem Alltagsleben – Protokollführung: Erstellung eines Zeitplanes über den Lippenschluß zu Hause bei bestimmten alltäglichen Aufgaben
	Zungenplazierung – Protokollführung, um die richtige Zungenplazierung tagsüber zu automatisieren Zungenübungen (Wiederholung, Vertiefung) – Ansaugübungen – Halte-Zieh-Übung – Schnalzübung – Artikulationsübungen für das zweite und dritte Zungendrittel
Schlucken von Nahrung	Kombinationsübungen – Kauen ohne Nahrung – Kauen, Massieren der Gingiva Lippenschluß, Zungenplazierung, Schlucken (vorerst mit, später ohne Kieferkontrolle)
	Eßtraining – Kauen eines zähen Speckstückes (mit und ohne Kieferkontrolle) – zerdrückte Banane auf Zungenmitte, Schlucken – Brot, Apfel, Karotte intensiv kauen, richtig schlucken – Hauptmahlzeit: ausreichend kauen, richtig schlucken
	Trinktraining – Flüssigkeit hinter die unteren Schneidezähne ansaugen, schlucken – Flüssigkeit hinter die Unterlippe ansaugen, schlucken – Flüssigkeit mit Becher oder Glas, schluckweise trinken, später mehrere Schlucke nacheinander mit angesetztem Becher trinken – Flüssigkeit mit dem Strohhalm trinken (nur die Lippen berühren den Strohhalm, kein Zahnkontakt)
Artikulation	Artikulation – Einschleifen angebahnter Laute in die Spontansprache – Nachsprechübungen – Gedichte erzählen, nacherzählen – Gedichte und Liedtexte (mit Zischlauten!) nachsprechen – Memoryspiel: Lautkontrolle auch bei emotionaler Beteiligung – Gruppenspiele – Rollenspiele – Detektivsprechen „Spreche ich alle Laute richtig?“ Eine Bezugsperson darf 5–10 min das Kind beim Sprechen kontrollieren, oder das Kind kontrolliert sich selbst und eine Person hört mit (Um die Laute im Spontansprechen zu stabilisieren, muß Dialektsprechen in die Therapie eingebaut werden)

Die Logopädisch Orientierte Orofaziale Therapie (Vorprogramm und strukturiertes Therapieprogramm) kann bei richtiger Übungsauswahl und Übungsausführung auch bei Kindern mit *zentralen Dysfunktionen* eingesetzt werden. CP-Kinder sollten jedoch erst nach genauer neuropädiatrischer Abklärung logopädisch behandelt werden.

Die Konzepte der myofunktionellen Therapieformen befinden sich in ständiger Weiterentwicklung. Das LOOFT-Konzept soll als ein Beitrag im Sinne einer ganzheitlichen myotherapeutischen Entwicklung gelten.

Heidelberger Gruppenkonzept für myofunktionelle Störungen (GRUMS) für Kinder ab dem 4. Lebensjahr

Logopädinnen und Logopäden (und auch Kinder) klagen nicht selten über das rigide Schlucktraining im Rahmen der klassischen Myofunktionellen Therapie. Im Konzept von Lleras u. Müller (1993), mit Erfolg seit Jahren praktiziert, werden Kinder ab dem 4. Lebensjahr *ohne* Schlucktraining behandelt.

Bei ganzheitlicher Betrachtung kommt dem frühen Behandlungsbeginn von Schluckstörungen besondere Bedeutung zu, speziell dann, wenn das orofaziale Ungleichgewicht auf basalen Defiziten beruht. Vorschulkinder mit Störungsbewußtsein lassen sich nur schwer durch ein verhaltenstherapeutisches Vorgehen motivieren, die kindliche Phantasie und das Bewegungsbedürfnis kommen dabei zu kurz.

Lleras u. Müller gehen in ihrer Gruppentherapie praxisorientiert mit diesen Problemen um. Sie berücksichtigen nicht nur die orofaziale Muskulatur, sondern versuchen auf die statomotorischen Grundlagen stabilisierend einzuwirken, um auf diese Weise ohne Schlucktraining die myofunktionelle Dyspraxie zu behandeln.

Das GRUMS-Therapiekonzept umfaßt sechs Therapieschwerpunkte:
- Spaßhaben,
- Förderung, Stabilisierung sozialen Verhaltens,
- Erlangung des orofazialen Gleichgewichts ohne Schlucktraining unter Berücksichtigung ganzkörperlicher Zusammenhänge,
- Verbesserung der oralen Wahrnehmung und Artikulation,
- Regulierung von Haltung, Grobmotorik und Koordination,
- Sprachförderung.

Spaßhaben

Es erscheint überflüssig, diesen Punkt besonders anzusprechen, denn Kindertherapien sollten stets in einer fröhlichen Atmosphäre durchgeführt werden. Spaßhaben steht in der Behandlung im Mittelpunkt, weil Kinder sich dadurch am besten motivieren lassen und am mühelosesten neue Lernerfahrungen machen können.

Bei GRUMS wird durch drei Elemente, die Kindern Freude bereiten, das Behandlungsziel angestrebt:
- Einbeziehung von grobmotorischen Bewegungen.
- Verwendung von kindgerechter Terminologie, von lustigen und teilweise absurden Bilddarstellungen. Beispiel: Wenn auf einem mundmotorischen Bildkärtchen plötzlich ein Regenschirm mit der Zunge winkt, können Kinder sich darüber sehr amü-

sieren und ahmen diese Bewegung lieber nach als wäre sie nur symbolisch dargestellt.

- Durchführung eines Ratespiels, bei dem auf eine bestimmte Art und Weise Begriffe eingekreist und erraten werden. Raten gefällt allen Kindern, weil es dabei lustig, geheimnisvoll und spannend zugeht. Es macht aufmerksam, reizt die Neugier und fordert heraus. Das Kind beispielsweise, das den zu erratenden Begriff kennt, genießt seinen Wissensvorsprung. Die anderen Kinder, die raten müssen, können ihre Fähigkeiten ausprobieren, und wenn sie dabei durch die Therapeuten gezielt unterstützt werden, machen sie die angenehme Erfahrung, daß ihre Ratekünste zum Ziel führen.

Förderung und Stabilisierung sozialen Verhaltens

Für jedes Gruppengeschehen ist unerläßlich, daß alle Teilnehmer die Regeln der Gruppe akzeptieren und einhalten. Was in der Einzeltherapie oft etwas konstruiert und bemüht wirkt, hat in der Gruppe eine natürliche Funktion (z. B. die Bedeutung der richtigen Reihenfolge) und kann dadurch von Kindern leichter übernommen werden.

Nach den Erfahrungen von Lleras u. Müller wirkt sich eine klare Gruppenstruktur günstig auf verhaltensauffällige, tendenziell hyperaktive Kinder aus und fördert eine verbesserte Aufmerksamkeit und Merkfähigkeit. Aber auch bei ausgeprägtem Störungsbewußtsein, das sich in der Einzeltherapie oft als unüberwindliches Hindernis erweist, weil das Kind auf die Übungsangebote mit Rückzug und Verweigerung reagiert, bietet die Gruppenbehandlung wesentliche Vorteile:

- Kinder mit schlechter Frustrationstoleranz und ausgeprägtem Störungsbewußtsein fühlen sich in der Gruppe mit anderen Kindern, die auch Probleme haben, sicherer als in der Einzeltherapie, wo sie mit einer Therapeutin allein sind. Das Störungsbewußtsein löst sich in einer fröhlichen, leistungsfreien Atmosphäre in der Regel sehr schnell auf.
- Durch die Wahrnehmung der Schwierigkeiten anderer Kinder findet eine Schulung der Eigenwahrnehmung statt. Daraus resultiert, daß Kinder nicht nur anderen Kindern gegenüber toleranter werden, sondern auch mehr Mut zeigen. Sie wagen neue und schwierigere Bewegungsabläufe (sog. Kunststücke), ihr Experimentierverhalten verbessert sich zunehmend innerhalb der mit Spaß verbundenen Interaktion.

Es ist nicht jedes Kind für eine Gruppentherapie geeignet. Aus zwei Gründen sind meist andere Behandlungsformen bzw. eine Therapiepause indiziert:

- Sind die Verhaltensprobleme eines Kindes so groß, daß die Gruppeninteraktion darunter leidet, ist eine spieltherapeutische Behandlung angezeigt.
- Bei ausgeprägten sensorischen Integrationsproblemen bewährt sich die individuelle Förderung in einer ergotherapeutischen Einzeltherapie oder in einer Psychomotorikgruppe.

Erlangung des orofazialen Gleichgewichts ohne Schlucktraining unter Berücksichtigung ganzkörperlicher Zusammenhänge

Die Herstellung des orofazialen Gleichgewichts geschieht durch mundmotorische Übungen, die alle kindgerechte und bildhafte Namen haben. Das Auffinden und spielerische Einüben der Ruhelage der Zunge (sog. Schlafplatz) beginnt bereits in der ersten Therapiestunde. Ein gezieltes Schlucktraining findet nicht statt. Nach den

Erfahrungen von Lleras u. Müller stellt sich mit der Behebung der zugrundeliegenden Störungen eine Korrektur des fehlerhaften Schluckvorgangs ein und Lutschgewohnheiten können ohne gezielte verhaltenstherapeutische Maßnahme aufgegeben werden.

Bei der Durchführung der mundmotorischen Übungen wird großes Gewicht auf den Abbau kompensatorischer Verspannungen gelegt.

Okklusion und verbesserte Mundraumfunktion lassen sich nur dann erreichen, wenn die Wechselbeziehung zwischen Atem, Tonus und Haltung berücksichtigt wird.

In diesem Zusammenhang wird besonderer Wert auf die Beachtung lymphödematöser Schwellungen im orofazialen Bereich, die bei lutschoffenem Biß und Mundatmung auftreten können, gelegt. Geringe Lymphabflußstörungen bilden sich meist mit der verbesserten Mundraumfunktion zurück. Bei stärkerer Ausprägung wird zusätzlich interdisziplinär über einen längeren Zeitraum gezielt mit manueller Lymphdrainage behandelt. Kompensatorische Verspannungen manifestieren sich u. a. in Kopfüberstrecken, Vorschieben des Unterkiefers, Grimassieren, Hochziehen der Schultern, Durchstrecken der Knie und Daumenabspreizen.

Um dieser unerwünschten Dynamik entgegenzuwirken, steht den Kindern, die ihre mundmotorischen Kunststücke im Stehen durchführen, anfangs eine Therapeutin aktiv unterstützend und regulierend zur Seite. Verbalisiert wird dabei nur dem kindlichen Umsetzungsvermögen entsprechend, wie z. B. auf „Schlafdaumen" achten.

Orale Wahrnehmung

Die Mundhöhle erfüllt nicht nur motorische Funktionen für Kauen, Schlucken und Sprechen (Primär- und Sekundärfunktionen), sie ist auch ein Wahrnehmungsorgan. Fällt bei der Diagnostik auf, daß ein mundmotorisch ungeübtes Kind hilflose Suchbewegungen mit der Zunge und dem Kiefer macht und weder durch verbale noch visuelle Hilfen zur Imitation einer Bewegung zu bringen ist, deutet dies auf eine orale Stereognoseschwäche hin. Gestörte Zungen- und Lippenfunktion, eingeschränktes Lagegefühl der Zunge, gestörter Krafteinsatz beim Schlucken, Schwierigkeiten bei der oralen Objektwahrnehmung und -differenzierung sind bei vielen myofunktionell dyspraktischen Kindern als Ausdruck einer sensorischen Integrationsstörung zu sehen. Ausschließlich mundmotorisch ausgerichtete Übungsverfahren verlängern unnötigerweise die Behandlung. Ausbleibende Erfolgserlebnisse lassen Kinder therapiemüde oder störungsbewußt werden.

Stereognostische Spiele kann man vor einer myofunktionellen Therapie oder begleitend dazu durchführen. Sie machen nicht nur Spaß, sondern sie wirken sich auch günstig auf die orale Bewegungsempfindung und motorische Geschicklichkeit aus.

Therapeutisch besonders wirkungsvoll sind Ratespiele. Dazu gehören z. B. Übungen zur Formerkennung („Zungenratespiele") mit Erbsen, Reis, Perlen, u. a., „Riechspiele" mit Cremes, Seifen, Backpulver u. a. oder das Erraten unterschiedlicher Geschmacksqualitäten. Die Wahrnehmungskontraste müssen deutlich sein, der Schwierigkeitsgrad darf erst dann allmählich zunehmen, wenn das Differenzierungsvermögen beim Kind gefestigt ist.

Im GRUMS-Konzept werden oralperzeptive Spiele zunächst in der Einzeltherapie, später auch in der Gruppe durchgeführt. Dabei zeigt sich neben der oralen Wahrnehmungsverbesserung auch eine günstige Beeinflussung von Aufmerksamkeit und Motivation.

Artikulation

Viele, wenn auch nicht alle Kinder mit myofunktioneller Dyspraxie haben Zischlautfehlbildungen, aber auch multiple Interdentalität, z. B. zusätzliche interdentale Bildung der Alveolarlaute /d/ /t/ /l/ /n/. Auffallend häufig kommt es bei myofunktionellen Störungen auch zur Lautersetzung der Konsonantenverbindungen /dr/ und /tr/ durch /gr/ und /kr/ (statt Drachen – Grachen, statt Treppe – Kreppe).

Sehr früh wird durch gezielte Übungen die richtige Artikulation angebahnt. Erfahrungen haben gezeigt, daß sich bei Vorschulkindern die Lautfehlbildung parallel zur Schluckstörung normalisiert.

Gibt es ein oder mehrere Kinder mit Schetismus in der Gruppe, wird ein Bildkärtchen mit der Darstellung „Schnute" (Rüsselmund) erraten. Dieses „Kunststück" wird von allen Kindern geübt. Wenn die Lippenmuskulatur weniger dyston ist und die Rüsselmundbildung einigermaßen gelingt, wird die Übung zur „Schnute mit Dampflok" (isolierter Laut) erweitert und im Schwierigkeitsgrad bis auf Wortebene gesteigert.

Das Kind mit den meisten Schwierigkeiten bei einer bestimmten Übung bekommt diese als seine besondere Hausaufgabe.

Regulierung von Haltung, Grobmotorik und Koordination

Die Schluckfehlfunktion geht häufig einher mit grobmotorischen Koordinationsproblemen, eingeschränkter propriozeptiver Wahrnehmung und daraus folgend gestörtem Lage- und Bewegungsgefühl. Solche Kinder haben Mühe mit dem schnellen Wechsel von Anspannung und Lösung der Muskulatur und mit Kraftmaß und Dosierung. Die grobmotorischen Probleme finden ihre Entsprechung in der Mundmotorik und im Tonus. Anamnestisch lassen sich häufig elementare statomotorische Defizite nachweisen; z. B. sind diese Kinder nicht gekrochen oder gekrabbelt, sondern kamen gleich zur Aufrichtung. Diese Phasen sind jedoch außerordentlich wichtig für die sensomotorische Entwicklung.

Auf diesem Hintergrund, aber auch um der kindlichen Bewegungsfreude Spielraum zu geben, nehmen bei GRUMS die grobmotorischen Übungen ebensoviel Raum ein wie die mundmotorischen. So finden sich im Repertoire alle Phasen der statomotorischen Entwicklung und Übungen zur Stabilisierung des Gleichgewichts (Abb. **44**).

Diese Übungen wirken sich regulierend auf den Tonus und Wachheitszustand der Kinder aus und fördern zusätzlich die rechtshemisphärische Dominanz für automatisierte Bewegungsabläufe.

Sprachförderung durch Ratespiele

Eine Besonderheit im GRUMS-Konzept, in dem primär ein orofaziales Gleichgewicht angestrebt wird, ist die Expansion der Sprache. Häufig kristallisieren sich erst im Verlauf der myofunktionellen Therapie sprachliche Defizite heraus. Diese erklären sich, wenn man die zugrunde liegenden Probleme, z. B. eine sensorische Integrationsstörung, betrachtet.

Durch Rahmenthemen und feststehende Spielregeln bekommen die Kinder klare Strukturierungshilfen, die sich mit dem Begrifferaten förderlich auf die Aufmerk-

Abb. **44** Leonie hüpft auf dem Trampolin.

samkeit und Hörgedächtnisspanne auswirken. Außerdem regt das Ratespiel die Freude am Sprechen an. Die Kinder dürfen Fragen weitergeben oder bekommen Hilfen angeboten.

Im Rahmen des intentionalen und interaktionalen Geschehens werden indirekt auch grammatikalische Strukturen gefördert. Besonderer Wert wird auf die Sprachwahrnehmung (Input) gelegt, ebenso auf die Entwicklung semantischer Fähigkeiten. Die Kinder lernen über das Ratespiel zunächst Oberbegriffe finden, wie z. B. „Essen", später dann den Referenzbegriff („Nahrungsmittel"). Dabei wird der Bedeutungsumfang – daß beispielsweise auch Handschuhe zum Oberbegriff „Kleidung" gehören – erweitert.

Die Therapeuten raten mit und können so auf unterschiedlichste Weise Einfluß auf die Raterichtung nehmen, z. B. durch Provokation, indem die Kinder durch unsinnige Äußerungen („also ein Fisch kann es nicht sein – der hat ja kein Fell ...") zum Lachen gebracht und herausgefordert werden, semantische Merkmale einzuordnen.

Setting

- Die Therapie findet einmal wöchentlich statt und dauert ca. 1 Stunde.
- In den Gruppen sind maximal 5 Kinder (Altersunterschiede von 3–4 Jahren erweisen sich nicht als Hindernis).
- Den Gruppenstunden gehen – je nach individuellen Problemen – durchschnittlich 2–3 Einzelstunden zur Vorbereitung in Anwesenheit der Eltern voraus, in denen die Grundübungen vorgestellt werden.
- In Einzelstunden vorbereitete Kinder werden in bestehende Gruppen integriert.
- Der äußere Rahmen der Gruppentherapie bleibt (z. B. Ratespiele, Rituale) trotz wechselnder Inhalte gleich.

Praxisbeispiel

Zur Veranschaulichung soll ein Praxisbeispiel anhand der sog. Sandmännchenstunde gegeben werden.

Das Material dafür ist einfach:
- ein großer schwarzer Karton als „Nachthimmel",
- Sterne und Mond aus gelbem Karton,
- Sandmännchen (z. B. Ravensburger Bastelhefte),
- Bratenwender als „Rakete",
- Bildkärtchen aus verschiedenen semantischen Feldern, auf denen die durchzuführenden mund- und grobmotorischen Übungen symbolisiert sind, werden unter die Sterne gelegt.

Welches Thema auch immer gewählt wird, der Materialaufwand ist gering und auf das Wesentliche ausgerichtet, um die Kinder nicht unnötig abzulenken.

Für das Gruppenkonzept wurden verschiedene Rituale eingeführt, die den Kindern über die Struktur „Vertrautes" Sicherheit vermitteln. Eines davon ist das Begrüßungsritual: Die Therapeutinnen holen die Kinder im Wartezimmer ab, wo auch schon die Reihenfolge im Ratespiel vorbestimmt wird, beispielsweise durch das Ziehen von „Fahrkarten". Danach wird die „Schlafzunge" (Zungenspitze an der Papilla incisiva) bewundert und die Kinder werden herausgefordert, die Zunge den Weg bis zum Therapiezimmer „schlafen" zu lassen. Nachdem die Kinder in der richtigen Reihenfolge auf ihren kleinen Stühlen im Halbkreis Platz genommen haben, lassen sich die Therapeutinnen die „Schlafpläne" mit den individuellen Hausaufgaben zeigen und auch das eine oder andere „Kunststück" vorführen. Es werden bewußt keine Zeiten vorgegeben, wie lange die Zunge „schlafen" soll. Da die Kinder immer wieder daran denken, wird die Bewegungsrichtung intendiert und die Wahrnehmung geschult. Als Anreiz dafür dient die Hausaufgabe, die „Schlafpläne" auszumalen oder vollzustempeln. Damit wird die Eigenverantwortlichkeit der Kinder angesprochen, und die Mütter werden entlastet. Ob Gekritzel oder Gemälde über das ganze Blatt, alles wird gleichermaßen bestaunt.

Jede der Gruppenstunden enthält zu Beginn ein Ansaugspiel zur Stärkung des Gaumensegels oder Blasübungen für die Luftstromlenkung und -dosierung. Zum Thema passend fliegt ein Sternchen von Kind zu Kind (Abb. **45**). Sollte es zwischendurch runterfallen, ist es eben eine schöne Sternschnuppe.

Abb. **45** Dominik läßt ein Sternchen zu David fliegen.

Im Gegensatz zu anderen MFT-Konzepten, die in der Mehrzahl übungstherapeutisch orientiert sind, werden im GRUMS-Konzept grundsätzlich frustrierende Erlebnisse vermieden, d. h. Leistungsdenken wird von vornherein ausgeschaltet.

Für das Ratespiel werden zwei besondere „Sprachen" eingesetzt, die mit jeder neuen Raterunde wechseln. Mit der „Zungensprache" wird spielerisch die Ruhelage der Zunge eingeübt, bei der „Opa-Sprache" wird der M. orbicularis oris trainiert. Natürlich kann das anfangs noch schwierig sein, aber allein das Vorbild löst unwillkürlich immer wieder den Nachahmungsversuch des Bewegungsmusters aus.

Im Spielablauf hat jedes Kind drei Versuche, das Sandmännchen per „Rakete" auf einen Stern fliegen zu lassen.

Am Beispiel von David soll dies gezeigt werden (Abb. **46**).
Sind mehrere Treffer dabei, darf David auswählen und vorsichtig das unter dem Stern versteckte Bildkärtchen rausziehen, ohne daß die neugierigen Augen der Kinder es in der Gruppe erkennen können. In einer Ecke sieht David nach, was auf dem Kärtchen abgebildet ist und kommt mit triumphierender Miene zurück: Er allein weiß, was die anderen erst einmal erraten müssen!

Das nächste Kind beginnt jetzt in „Zungensprache" zu raten. Je nach semantischen Fähigkeiten bekommt es Unterstützung, indem die Therapeuten anregen, Oberbegriffe wie z. B. Tiere, Nahrungsmittel, Spielzeug, abzufragen: „Ist es ein Tier?" Kommt man damit nicht weiter, weil Kinder beispielsweise mit dem Begriff „Gegenstand" nichts anfangen können, so wird die Raterichtung durch gezielte Fragen gelenkt: „Was kann man damit machen?" oder „Wozu braucht man das?" (Abb. **47**).

Oft helfen sich die Kinder gegenseitig mit: „Frag doch mal, ob ….. "

Sollte es nötig sein, werden zur Erinnerung relevante Merkmale wiederholt oder unmöglich Zusammenpassendes zur Erheiterung der Kinder verworfen, aber auch als Hilfe zum Auffinden der Kernbedeutung. Trotz sprachlicher Defizite sollen sich Kinder in der Gruppe wohl und akzeptiert fühlen. In einer Atmosphäre von Spaß und Spannung wird die Lust an der Sprache und ihrer Bedeutung gefördert.

Es wurde erraten, daß auf dem Kärtchen ein Elefant abgebildet ist, der den „Scherengang" macht.

Abb. **46** Davids Sandmännchen nimmt Kurs auf einen Stern.

Abb. **47** Gerade wurde der Elefant erraten.

David tritt vor, verbeugt sich mit überkreuzten Armen und Beinen vor dem „Publikum" und führt das Kunststück vor. Er hat noch Mühe mit der Übung und bekommt Hilfestellung. Der Bewegungsablauf wird durch rhythmisches Sprechen eines dazu passenden Verses unterstützt.

Erst wenn jedes Kind der Reihe nach den „Scherengang" vorgeführt hat, darf das nächste das Sandmännchen wieder auf den Sternenhimmel fliegen lassen. Erfahrungsgemäß kommen in einer Therapiestunde 5–6 „Kunststücke" zur Vorführung, ebensoviele Übungen für die Grobmotorik, Koordination und Mundmotorik. Eine detaillierte Beschreibung des umfangreichen Übungsrepertoires würde den Rahmen dieses Beitrags sprengen.

Die Auswahl der Übungen orientiert sich stets am Vermögen der Kinder. Unterschiedliche Fähigkeiten erweisen sich keinesfalls als Nachteil für die Gruppenarbeit, sie fördern vielmehr die Eigen- und Fremdwahrnehmung sowie die Toleranz sich selbst gegenüber. Ob nun ein „Kunststück" bereits korrekt ohne Hilfestellung ausgeführt werden kann oder nicht: jedes Kind wird nach seiner „Vorführung" beklatscht. Wenn zum Beispiel die Daumen schon „schlafen" konnten, wird dies gebührend bewundert. Am Ende der Therapiestunde bekommt jedes Kind einen „Schlafplan" mit seinen speziellen Hausaufgaben, wobei eigene Wünsche berücksichtigt werden.

Aufbau der Therapie

Anfangsdiagnostik (Anamnese und Befunderhebung)

Vorbereitung auf die Gruppentherapie	
Je nach Problem des Kindes 2–4 Einzelstunden in Anwesenheit der Eltern, die aktiv in die Therapie mit einbezogen werden; danach Integration in bestehende Gruppe	Elterninformation über Wahrnehmungsentwicklung, Zusammenhang von Grob-, Fein- und Mundmotorik sowie Koordination Blas- und Ansaugübungen oralstereognostische Spiele Ratespiele zur Formerkennung, olfaktorischen und gustatorischen Wahrnehmung Vermittlung der Ruhelage Vermittlung erster grobmotorischer und mundmotorischer Übungen Einführung des Ratespiels
Inhalte aller Gruppentherapiestunden Abholritual Hausaufgabenkontrolle Ansaug- oder Blasübung (zum jeweiligen Rahmenthema passend) Ratespiel Grob- und mundmotorische Übungen und/oder oralstereognostische Spiele Spielerische Übungen zur Artikulation Verteilung der Hausaufgaben	

Verlaufskontrollen

Abschlußuntersuchung und Katamnese

Beispiele zur Grobmotorik, Koordination und Gleichgewichtsregulation

Übung	Ziele
Balancieren mit Mundschluß	Gleichgewichtsregulation, Mundschluß bei entspanntem M. mentalis
Jonglieren mit einem Ball	Auge-Hand-Koordination
Trampolinspringen	Gleichgewichtsregulation, Verbesserung der Tiefensensibilität

Beispiele zur Mundmotorik

	Lippenübungen
„Opa-Mund" (Oberlippe über Unterlippe)	Stimulierung des M. orbicularis oris
Tauziehen (nach Garliner)	Kräftigung des M. orbicularis oris Mundschluß
Pfeifen	Zusammenspiel der orofazialen Muskulatur, Luftstromlenkung und -dosierung, Zwerchfellaktivierung
„Schnute" (Rüsselmundbildung)	Aktivierung des M. orbicularis oris, Vorbereitung auf Sch-Lautbildung
	Zungenübungen
„Zungenkompaß" Zunge dehnt sich weit nach oben, unten, rechts, links	Koordinationsübung, Kräftigung der Längsfasern der Zungenmuskulatur
„Scheibenwischer"	Koordinationsübung, Kräftigung der Längsfasern der Zungenmuskulatur
Zunge im Wechsel spitz und breit machen	Koordination und Kräftigung der Längs- und Querfasern der Zungenmuskulatur
Schnalzen	Vorübung zum normalen Schlucken, Anhebung des Zungenbeins, Kräftigung des Zungenmittelteils und Dehnung des Zungenbändchens
	Übung für die Kaumuskulatur
Wangen aufblasen bei geschlossenen Zahnreihen	Kräftigung des M. masseter

Die Auswahl der Übungen orientiert sich an den Fähigkeiten der Kinder.

Nach den Erfahrungen von Lleras u. Müller lassen sich mit dem GRUMS-Konzept die meisten Kinder im Vorschul- und Schulalter erfolgreich behandeln.

Beim Vorliegen gravierender, sich wechselseitig bedingender Defizite besteht nach genauer fachärztlicher Abklärung die Notwendigkeit einer interdisziplinären Zusammenarbeit mit anderen Therapeutengruppen wie z. B. Ergotherapeuten und Krankengymnasten.

Maßnahmen zur Förderung der oralen Stereognose

Bei Kindern mit orofazialen Dysfunktionen kommt dem frühen Behandlungsbeginn eine besondere Bedeutung zu. Die neuromotorisch ausgerichteten Übungen der klassischen Myofunktionellen Therapie sind erst für Kinder im Schulalter geeignet.

Für Kinder im Vorschulalter oder für ältere Kinder, die feinmotorische Bewegungsabläufe nur ungenügend steuern und koordinieren können, hat Hahn (1991) auf der Grundlage der neurosensoriellen Methode von Dahan, Wauters u. Mahaux ein Konzept zur Förderung der Mundraumsensibilität erstellt, das vor und/oder während der Myofunktionellen Therapie Anwendung findet.

Es umfaßt Übungen zum Erforschen und Erspüren des Mundraums und der oralen Strukturen, Schmeck- und Riechübungen, Übungen zur Verbesserung der oralen Stereognose sowie der Beweglichkeit von Zunge, Lippen, Wangen und Kiefer.

Vor der Myofunktionellen Therapie

Oralperzeptive Spiele zielen auf die Verbesserung der oralen Sensibilität und Förderung der oralen Sinne ab, darüber hinaus wirken sie günstig auf die mundmotorische Geschicklichkeit und Bewegungsempfindung. Das anschließende Funktionstraining gelingt müheloser, die Erfolgserlebnisse beeinflussen positiv die Motivation und Therapiefortschritte des Kindes. Die stereognostischen Spiele sind dem Vorschulalter angepaßt, sie lassen sich in der Einzeltherapie und als Wettspiele in der Gruppe durchführen.

Das Training beginnt mit Ansehen und Benennen der Trainingsplättchen (Abb. **48**). Jedes Kind wird seine eigene Charakterisierung finden. Beim täglichen Üben mit den neun Plättchen bieten sich Variationen an, welche die orale Stereognose mit der visuellen und manuellen verknüpfen oder sie mit verschiedenen Stimuli kombinieren:

- Das Kind vergleicht das im Mund wahrgenommene Plättchen mit einem, das es mit den Fingern abtastet.
- Das Kind ordnet das erspürte Plättchen gemalten oder ausgeschnittenen Papierformen zu.
- Das Kind zeichnet das im Mund befindliche Plättchen.
- Das Kind benennt es.

Altersgemäß wird zunächst mit wenigen Plättchen (den leichteren runden) geübt. Der Kontrast zwischen den Formen muß deutlich sein. Erst mit Reifung des Differenzierungsvermögens kann die Anzahl und der Schwierigkeitsgrad der Plättchen gesteigert werden. Die schweren Formen „Kreuz“ und „Stern“ kommen zum Schluß.

Die Plättchen sollten mit Fäden gesichert werden, zumal bei Kindern aufgrund des Alters oder einer Behinderung ein Verschlucken befürchtet werden muß.

Schon nach ein bis zwei Wochen läßt sich meist eine wesentliche Verbesserung des Formerkennens bemerken. Übungen im Alltag, z. B. mit Reis, Erbsen, diversen Nudeln oder Formen aus Karotten oder Moosgummi geschnitten, setzen die Vertiefung der taktilen und propriozeptiven Wahrnehmung fort (Struck 1990).

Geruch- und Geschmacksinn werden gleichermaßen in Ratespielen verfeinert. Verschieden schmeckende Nahrungsmittel bestimmt die Zunge im „Blinde-Kuh-Spiel“. Dabei werden sprachlich unterschiedliche Eigenschaften und Gegensätze erarbeitet. „Naschraten“ nennt Franke (1992) ihre Spielvorschläge, die gustatorische

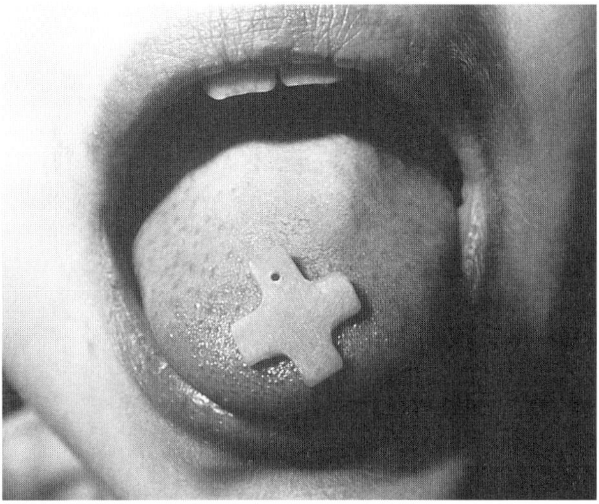

Abb. **48** Ein Trainingsplättchen für die orale Stereognose.

Reize mit anderen Wahrnehmungen verknüpfen. Riech-Memory, Schnüffelspiele mit verschiedenen Düften, Aromen oder ätherischen Ölen fördern den Geruchsinn und führen zu Atemübungen über. Diese Spiele sind nicht nur therapeutisch wirksam, sondern trainieren gleichzeitig Konzentration und Gedächtnis auf spielerische Weise.

Für das Vorschulalter besonders geeignet ist die Durchführung in der Gruppe (GRUMS-Konzept S. 60).

Streichen und Massieren des Gesicht- und Mundbereichs stimulieren die Eigenwahrnehmung und die Vorstellung von den oralen Strukturen. Mit Holzspatel oder Finger werden perioral und oral verschiedene Stellen berührt, die das Kind mit der Zunge finden soll.

Dann „putzt" die Zunge die Zähne und fährt dabei bewußt die Zahnreihen entlang.

Nachahmen von vorgezeigten Lippenformen und labiale Geschicklichkeitsspiele fördern die Propriozeption für Beweglichkeit und Mundschluß.

Bewußtes Kauen unterschiedlich fester Nahrungsmittel und bewußtes Sammeln des Speisebreies wecken das Verständnis für den Kauvorgang und wirken der häufig bestehenden Kaufaulheit entgegen.

Begleitend zur Myofunktionellen Therapie

Auf der Basis einer gezielten stereognostischen Vorbereitung gelingen mundmotorische Übungen oder Schluckübungen leichter und schneller: Mit Spiel und Spaß werden Bewegungsempfindung und motorische Geschicklichkeit für den kompletten Lippenschluß, die korrekte Zungenruhelage, das normale Schlucken und die Koordination der orofazialen Muskeln bei den Primär- und Sekundärfunktionen angebahnt.

Jeder Übungsschritt soll zunächst mental, d. h. in der Vorstellung, ablaufen.

Die orale Wahrnehmung wird zum Prinzip sowohl beim Einspielen des normalen Schluckens in der Myofunktionellen Therapie als auch bei der Lautanbahnung in der Sprachtherapie.

Bereits erprobte Übungen werden um die sensible Komponente bereichert: Nicht nur die Geschicklichkeit und der Tonus werden verbessert, sondern auch die peri- und intraoralen perzeptiven Fähigkeiten verfeinert.

Orofaziale Dysfunktionen können vom Reflexkreis her gesehen nicht erst in der Ausführung (Efferenz), sondern bereits in der Empfindung und Wahrnehmung (Afferenz) gestört sein. Ein ganzheitliches Therapiekonzept sollte daher stets beide Komponenten berücksichtigen.

Wiener Konzept zur Therapie orofazialer Dysfunktionen für Patienten ab dem Schulalter

Aufbauend auf dem klassischen MFT-Konzept von Garliner und langjähriger Erfahrung als MFT-Therapeutin hat Fischman ein „Wiener Konzept zur Therapie orofazialer Dysfunktionen" für Patienten ab dem Schulalter (6. Lebensjahr) erstellt.

Dieses modifizierte, logopädisch orientierte, myofunktionelle Therapiekonzept setzt spezielle Kenntnisse der Myofunktionellen Therapie (MFT) nach Garliner (1974, 1989), der neurophysiologischen Bewegungstherapie nach B. u. K. Bobath (1965, 1975) und Neurologischen Reorganisation sowie des Myotherapeutischen Trainings nach Padovan (1976, 1991) voraus.

Die Gesamttherapie nach dem Wiener Konzept gliedert sich in:

Intensivphase. Der Patient erlernt sämtliche orofaziale Muskelfunktionen. Falsche Bewegungsmuster werden durch korrigierende grob- und feinmotorische Übungen abgebaut.

Dauer: 3–6 Monate mit einer wöchentlichen Therapiesitzung von 30–45 Minuten sowie tägliches Heimtraining.

Heimtherapiephase. Diese Phase gibt dem Patienten die Möglichkeit, das erlernte nach einem strukturierten und auf ihn abgestimmten Tagesübungsplan so lange zu üben, bis er kurz vor der Automatisation steht.

Dauer 2–4 Monate. Der Therapeut hält einmal monatlich telefonische Rücksprache mit dem Patienten.

Auslaufphase. In dieser Phase wird auf noch bestehende myofunktionelle Auffälligkeiten und Fehlfunktionen eingegangen und mit dem Patienten individuell angepaßt geübt. Die Übungen werden weiterhin täglich durchgeführt und nehmen an Häufigkeit und Intensität ab.

Dauer: 2–4 Monate mit Therapiesitzungen zu 30–45 Minuten in 4- bis 6wöchigen Abständen.

Endphase. Nachbeobachtungszeitraum von etwa 1–2 Jahren mit halbjährlichen logopädischen Kontrollen.

In der Gesamttherapie bauen die einzelnen Therapiephasen aufeinander auf. Regelmäßige Messungen (Lippenkraft mit der Federwaage, Zungenposition mit der Payne-Technik),Testungen und genaue Beobachtung des Patienten bilden die Grundlage für die nächsthöhere Therapiephase.

Der Patient wird behutsam in die Myofunktionelle Therapie eingeführt, die Übungszeiten betragen in den ersten Wochen maximal 5–10 Minuten über den Tag verteilt. Mit fortlaufender Therapie werden die Übungszeiten und -intensitäten auf maximal 15–20 Minuten gesteigert und so weit wie möglich in die täglichen Handlungsabläufe integriert.

Bei bestehenden oralen Lutschgewohnheiten und/oder Dyskinesien und mangelnden mundhygienischen Kenntnissen werden der Intensivphase der *Habit-Abbau* (S. 73) und die *Anleitung zur Mundhygiene* (S. 74) vorangestellt.

Unerläßliche Voraussetzungen für die erfolgreiche Durchführung der Therapie sind:
- HNO-ärztliche/phoniatrische Untersuchung,
- zahnärztliche/kieferorthopädische Untersuchung,
- Erstellung eines möglichst genauen, zeitlich abgestimmten Therapieplanes,
- Patienteninformation hinsichtlich Art und Dauer der Therapie,
- Anleitung zur Durchführung regelmäßiger mundhygienischer Maßnahmen,
- während der Gesamttherapie (Intensivphase, Heimtherapiephase, Auslaufphase und Endphase) sollten regelmäßig mit dem HNO-Facharzt/Phoniater und Zahnarzt/Kieferorthopäden Rücksprachen gehalten werden,
- ständige Motivation von seiten des Therapeuten durch Patientengespräche,
- Einsatz von Kontrollkarten (KK-„Lippenschluß“, KK-„Zunge“), die der Patient zu Beginn der Therapie bekommt. Auf diesen Kontrollkarten wird der Therapieerfolg (z. B. Lippenkraft, Schluckmuster) graphisch dargestellt,
- Verleihung einer Urkunde für den/die „Schluckmeister/-in“ zum Abschluß der Heimtherapiephase,
- Einbeziehung der Familie.

Habit-Abbau

Lutschgewohnheiten behindern die korrekte Zungenlage und -bewegung. Bestehen sie über das 4. Lebensjahr hinaus, können sich morphologische Veränderungen an den oralen Strukturen manifestieren; am häufigsten sind Gebiß- und Kieferanomalien.

Als wichtige präventive Maßnahme gilt, schädliche orale Lutschgewohnheiten bereits im Vorschulalter abzubauen. Nach entwicklungs- und lernpsychologischen Gesichtspunkten sind wiederholt behutsame Erinnerungen durch Eltern sowie positive Verstärkungen über emotional ansprechende Programme am effektivsten.

Ein exploratives und informatives Eltern-Kind-Gespräch bildet jeweils den Ausgangspunkt. Dabei soll erfragt werden, zu welchem Zeitpunkt die Lutschgewohnheit aufgetreten ist, wie lange, wie intensiv und zu welchen Zeiten sie geübt wird. Ferner muß der Therapeut die Haltung der Eltern zur Lutschgewohnheit und zu bereits vergeblich versuchten Entwöhnungsmaßnahmen in Erfahrung bringen.

Günstige Voraussetzungen für den Habit-Abbau bilden das Wecken von Verständnis für die schädlichen Folgen des Lutschens und der selbstgefaßte Entschluß des Kindes, diese Lutschgewohnheit abzulegen.

Da das Lutschen oft eine langgeübte Gewohnheit darstellt, neigt das Kind dazu, Versprechungen bezüglich des Aufhörens rasch zu vergessen. Es bedarf eines sorgsamen und vertrauensvollen Programms wiederholter positiver Verstärkungen. Dabei darf keinerlei körperlicher Zwang ausgeübt werden. Durch Führung eines Erfolgskalenders beurteilt bzw. belohnt sich das Kind täglich selbst, z. B. durch Sternchen oder Smilies. Um kleine Rückschritte oder ein Versagen aufzufangen, sind telefonische Rücksprachen mit dem Therapeuten hilfreich. Nach etwa zweiwöchiger erfolgreicher Führung des Erfolgskalenders wird das Kind von seinem Therapeuten mit einem kleinen Geschenk ausgezeichnet. Um einen bleibenden Erfolg zu garantieren, führt man den Kalender noch einige Wochen weiter, und das Kind erhält in regelmäßigen Abständen nach mehreren lutschfreien Tagen von den Eltern kleine Geschenke und belohnende Anerkennung.

Bei Klein- und Vorschulkindern (Altersgruppe 3–5 Jahre) sowie älteren Kindern mit ungenügender Reife für gezielte Übungstherapien kann zum Abbau der Lutschgewohnheit die Mundvorhofplatte (MVP) eingesetzt werden. Diese liegt im Vestibulum oris lose hinter den Lippen und vor den Zähnen und wird von den Lippenmuskeln gehalten; sie fördert dadurch den Mundschluß und die Nasenatmung. Die Verordnung und individuelle Anpassung sollte jeweils nur in Zusammenarbeit mit einem Zahnarzt/Kieferorthopäden erfolgen.

Als Übergangslösung kann auch der NUK-Schnuller, bei Kindern ab dem 3. Lebensjahr NUK-Größe 4, herangezogen werden.

In schwierigen Fällen dürfen, mit Einverständnis des Kindes und der Eltern, zusätzlich Hilfsmittel wie z. B. Handschuhe, Daumenschutzkappe, Ellbogenmanschette angewendet werden.

Anleitung zur Mundhygiene

Zahnpflege. Bereits mit dem Durchbruch der ersten Milchzähne muß *richtige* Zahnpflege einsetzen. Die Milchzähne sollten von den Eltern sowohl morgens als auch nach der letzten Mahlzeit gründlich gereinigt werden. Die Zahnbürste sollte einen kleinen Kopf besitzen, da sonst die Molaren nicht erreicht werden können. Es ist wichtig darauf hinzuweisen, daß ein Kleinkind noch nicht die motorischen Fähigkeiten besitzt, richtiges Zähneputzen durchzuführen. Als Technik bietet sich die „Rot-Weiß-Methode“ an: Die Bürste mit weichen Borsten wird vom Zahnfleisch zur Zahnkrone hin abgerollt.

Zahnbürsten sollten regelmäßig – mindestens alle vier Wochen – erneuert werden, da verbogene Borsten dem Zahn und Zahnfleisch schaden. Die verwendete Zahncreme darf keinen Zucker enthalten.

Erwachsene sollten nach der „Bass-Methode“ putzen. Der Bürstenkopf wird in einem Winkel von 45 Grad an der Zahnfleisch-Zahn-Grenze im Interdentalraum angesetzt und der Belag mit kleinen vibrierenden Bewegungen entfernt. Der Bürstenkopf sollte ebenfalls klein sein, um im Bereich der Wangen auch die Molaren auf der bukkalen Seite zu erreichen. Die gleichen Vibrationsbewegungen werden auch in jedem Interdentalraum auf der lingualen Seite ausgeführt und zuletzt die okklusalen Flächen gereinigt.

Horizontale Bewegungen mit harten Bürsten sollten vermieden werden, da diese zu schmerzhaften keilförmigen Schmelzdefekten im Zahnhalsbereich führen können. Auch abrasive Zahnpasten sind zu vermeiden.

Eine Alternative zu den Handzahnbürsten sind elektrische Zahnbürsten, die die Vibrationsbewegungen automatisch ausführen.

Beim Erwachsenen sollten die Zahnzwischenräume zumindest einmal täglich mit Zahnseide oder Superfloss gereinigt werden. Auch Zahnspangen und Prothesen müssen täglich gepflegt werden.

Ernährungsgewohnheiten. Gesunde Ernährungsgewohnheiten sind ein wichtiger Faktor in der Prävention von Karies. Zuckerhaltige Getränke, zwischendurch verabreicht, und zuckerhaltige Tees nach dem abendlichen Zähneputzen sind unbedingt zu vermeiden. Ebenso sollten Süßigkeiten nur zu bestimmten Zeiten gegeben werden, wenn danach die Möglichkeit zum Zähneputzen besteht.

Fluorprophylaxe. Die Fluorprophylaxe sollte bereits in der Schwangerschaft beginnen, da Fluoride plazentagängig sind und einen positiven Effekt auf die Zahnkeime des Fetus ausüben (endogene Prophylaxe). Im Milchgebiß und bleibenden Gebiß soll die exogene Prophylaxe mit Fluoridtabletten fortgesetzt werden. Auch fluoridhaltige Zahnpasten und Zahngele haben einen positiven Effekt in der Verhütung von Karies. Während fluoridhaltige Zahnpasten täglich verwendet werden können, sollten Gele nur einmal wöchentlich angewandt werden.

Intensivphase

Zähneputzen

Jede Therapiesitzung beginnt mit dem therapeutischen Zähneputzen, das in den ersten Wochen vom Therapeuten – also passiv – und in der Folge vom Patienten allein durchgeführt wird. Durch die Stimulation der Mundschleimhaut wird die Effizienz der Übungen gesteigert.

Lockerungsübungen

Ebenso werden ganzkörperliche und orofaziale *Lockerungsübungen* einbezogen. Es wird darauf geachtet, daß die Übungen liegend, stehend oder bequem sitzend ohne beengende Kleidung durchgeführt werden. Zur Entspannung kann der Patient zuckerfreien Kaugummi während der Lockerungsübungen kauen.

Aktive Übungen:
- Kopf pendeln,
- Kopf nicken,
- Schulter hochziehen und fallen lassen,
- Oberarm kreisen (Kraulschwimmbewegung) nach vorne und rückwärts,
- Ganzkörperstreckung und in die Hocke fallen lassen,
- Bewußtmachung der Atmung.

Passive Übungen:
- Lockerung der Zunge mittels Vibrationsmassage durch den Therapeuten,
- Lockerung der Mm. masseteres mittels digitaler Massage,
- Lockerung und Massage des M. mentalis,
- Lockerung Massage der Mm. buccinatores.

Übungen zur Verbesserung der Primärfunktionen

Da es sich bei den Primärfunktionen um sog. Basalfunktionen handelt, ist es für einen kontinuierlichen Therapiefortschritt wichtig, die Funktionskreise zu verbessern.

Äußerer Funktionskreis:
Tauziehen. Ein flacher Knopf (Durchmesser 1,5–2 cm) wird an einem Faden ins Vestibulum oris gelegt und langsam horizontal gegen den Lippenwiderstand herausgezogen. Diese Übung kann allein oder als Partnerübung ausgeführt werden.

„Spaghettiübung". Ein Faden mit maximal fünf Plättchen wird mit den Lippen eingeholt und mit den Zähnen im vorderen Drittel der Mundhöhle gehalten (Abb. **49**).

Spatelübung. Ein Holzspatel wird von Ober- und Unterlippe locker – ohne Muskelverspannung – gehalten. Auf Aufforderung preßt der Patient einmal pro Minute für etwa 15–20 Sekunden die Lippen fest zusammen.

Lippenstiftübung. Mit einem farblosen Lippenstift wird entweder die Ober- oder die Unterlippe angestrichen. Durch wiederholtes Aneinanderlegen von Ober- und Unterlippe verteilt sich der Lippenstift.

Lippenteilmassage. Die Unterlippe wird vor die obere Zahnreihe geschoben und in dieser Position etwa 30 Sekunden gehalten.

Lippenmassage. Vor den Zahnreihen schiebt sich die Unterlippe unter die Oberlippe (Abb. **50a**) und umgekehrt (Abb. **50b**).

Lippenstrecken. Der Zeigefinger wird 1–2 Sekunden von Unter- und Oberlippe fest umschlossen.

Oberlippenstrecken. Bei geschlossenen und vorgeschobenen Lippen („Rüsselmund") streicht der Zeigefinger von nasal nach labial über die Oberlippe.

Röllchenübung. Ein 2–4 Zentimeter langes Latex- oder Gummiröllchen wird im Vestibulum oris mittels Lippenaktivität nach oben und unten bewegt.

Masseterübung. Der Patient beißt etwa 10 Sekunden fest die hinteren Zahnreihen zusammen.

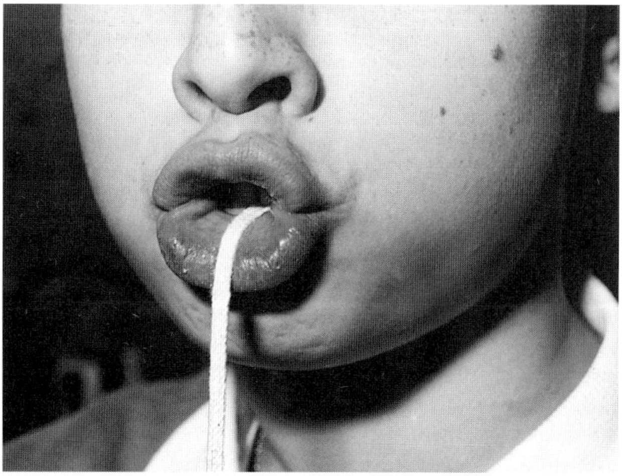

Abb. **49** „Spaghettiübung"

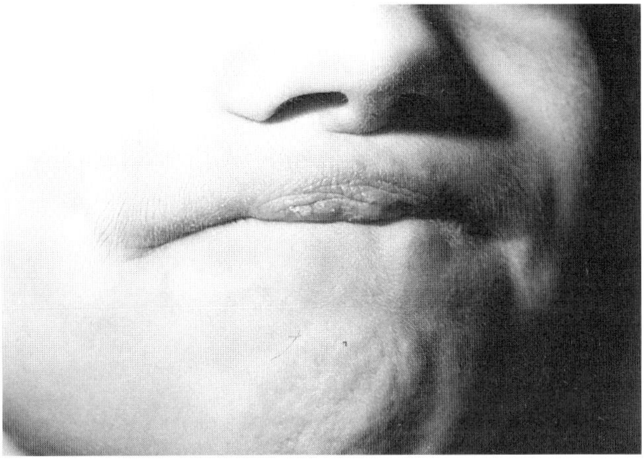

a

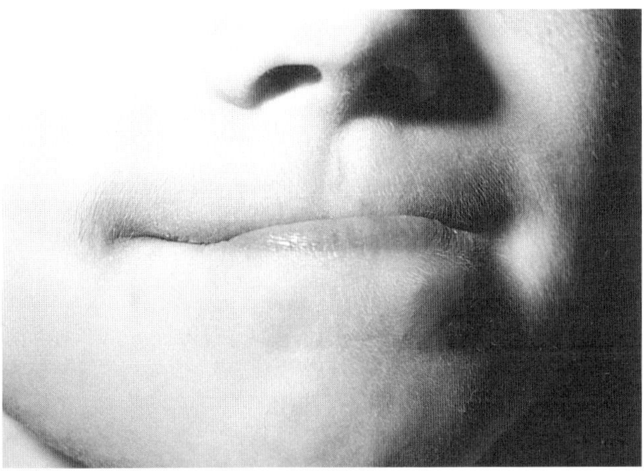

b

Abb. **50a** u. **b** Lippenmassage

Innerer Funktionskreis:
Positionierung der Zunge am Ruhelagepunkt (RLP).

Zunge spitzen und breitziehen mit Hilfe eines vom Therapeuten vorgehaltenen Ringes (Abb. **51**).

Lockeres Halten eines Gummiringes am RLP bei geschlossenen Lippen.

Oblatenübung. Der Patient übt Zungenschnalzen mit einem an den harten Gaumen eingelegten Oblatenstück.

Zungenschnalzen. Vom RLP aus ohne Oblatenstück.

Leerschlucken. Mit geöffneten Lippen und geschlossenen Zahnreihen werden die Gummiringe wie in Abb. **52** auf der Zunge positioniert.

Leerschlucken mit geöffneten Lippen und locker geschlossenen Zahnreihen; die Gummiringe werden wie in Abb. **52** auf der Zunge positioniert.

Schlucken von trockenen Speisen. Bei exakter Ausführung dieser Übung (z. B. mit Brot) und einem Gummiring bleiben in der Mundhöhle keine Speisereste zurück.

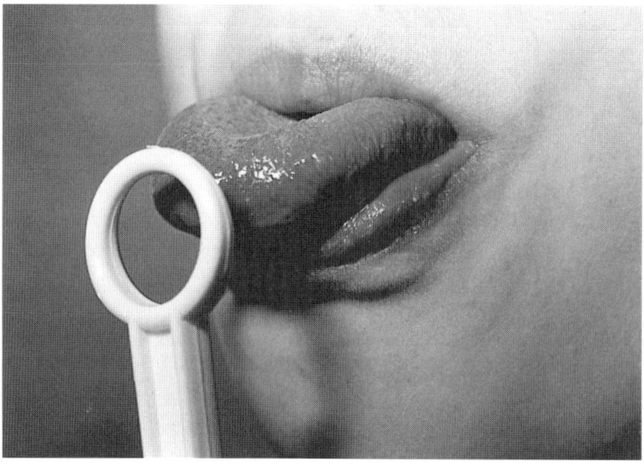

Abb. **51** Zunge spitzen und breitziehen.

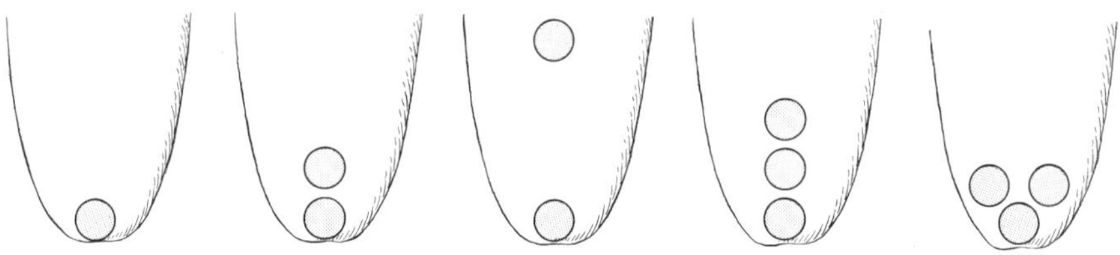

Abb. **52** Plazierung der Gummiringe auf der Zunge.

Schlucken von saftigen Speisen. Obststücke (z. B. Apfel, Birne) mit einem Gummiring.

Schlucken von Flüssigkeiten. (Mit einem Gummiring).

Essen einer 1/4-Mahlzeit. (Mit einem Gummiring).

Äußerer und innerer Funktionskreis:

Öffnen und Schließen. Die Zunge wird abwechselnd mit einem und zwei Gummiringen am RLP positioniert. Die Lippen und Zahnreihen werden mehrmals, ohne orofaziale Muskelverspannung, geöffnet und geschlossen. Dabei bleibt die Zunge am RLP.

Öffnen – Schließen – Schlucken. Im Anschluß an die Übung „Öffnen – Schließen“ schluckt der Patient mit 1–2 Gummiringen in der vorgegebenen Positionierung auf der Zunge mit geschlossenen Zahnreihen, aber offenen Lippen (Öffnen – Schließen 5mal, Schlucken 2mal).

Kauübung. Auf einem 10–15 Zentimeter langen Latex- oder Gummiröllchen wird beidseits im Bereich der Prämolaren aufgebissen. Die Zunge liegt möglichst nahe dem RLP im Gaumenbogen.

Kauübung mit einem Gummiring. Die Übung wird so ausgeführt, daß die Zunge mit aufgelegtem Gummiring am RLP positioniert wird.

Saugübung mit und ohne Widerstand. Es wird richtiges Saugen am Schnuller (z. B. NUK, Größe 4) trainiert. Durch leichtes Ziehen am Schnullerring kann die Übung erschwert werden.

Trink-Saugübung. Der Patient saugt mit Trinkhalmen unterschiedlicher Länge und Dicke Flüssigkeit auf.

Automations- und Motivationshilfen:
Nachtschlucken. Vor dem Schlafengehen spricht der Patient 10mal laut den Satz „Ich will die ganze Nacht richtig schlucken." Im Anschluß wird 5mal bewußt vom RLP leer geschluckt.

Bewußte Positionierung der Zunge am RLP mit Lippenschluß. Nach einem vom Therapeuten und Patienten erstellten Zeitplan wird die Zunge mehrmals täglich bewußt am RLP gehalten und die Lippen geschlossen.

WIMZ-Stickers: „Wo ist meine Zunge?" Bunte Stickers an auffälligen Plätzen (z. B. Schultasche, Federpenal, Eßplatz, Schreibtisch) erinnern den Patienten an die richtige Zungenlage.

Kontrollkarte für Lippenschluß und Zungenruhelage. Entsprechend der vom Therapeuten und Patienten festgelegten Zeiten übt der Patient Eigenkontrolle über den Lippenschluß und die Zungenruhelage. Das jeweilige Ergebnis seiner Beurteilung wird in den Zeitplan der Kontrollkarte eingetragen (+ = ausgeführt; – = nicht ausgeführt).

Erinnerungszeichen I. Eine Holzkluppe mit der Aufschrift „Richtig schlucken" erinnert den Patienten während des Essens an das neu erlernte Schlucken.

Erinnerungszeichen II. In bestimmten Alltagssituationen gibt die Bezugsperson dem Patienten gezielte Erinnerungshilfen, um das neu erlernte Schlucken zu automatisieren. Dafür eignen sich in der Eßsituation z. B. kleine Abweichungen von der gewohnten Alltagssituation (Besteck liegt auf der falschen Seite; das Trinkglas steht am Kopf; die Serviette ist vertauscht).

Übungen zur Verbesserung der Sekundärfunktionen

Bereits zu Beginn der Intensivphase setzen logopädische Übungen zur Verbesserung der Laute der zweiten Artikulationszone ein. Voraussetzung für die richtige Lautbildung ist die Zungenplazierung am Ruhelagepunkt.

Bei der Anbildung der Einzellaute wird dem logopädischen Therapieschema entsprechend vorgegangen: Erarbeitung von Silbe-Wort-Satz-freie Rede mit Übungen im An-, Aus- und Inlaut.

Häufig können bei Patienten mit myofunktionellen Störungen Dysphonien unterschiedlicher Genese beobachtet werden. In der Mehrzahl sind es hyperfunktionelle Dysphonien. Diese finden in der Intensivphase bereits ab der ersten Therapiesitzung Berücksichtigung. Zu den Lockerungsübungen werden je nach Erscheinungsbild stimmtherapeutische Übungen miteinbezogen.

Die Auswahl und Durchführung der Artikulations- und Phonationsübungen werden dem jeweiligen Therapeuten freigestellt.

Wiener Konzept zur Therapie orofazialer Dysfunktionen für Patienten ab dem Schulalter

Gesamttherapie	Übungsprogramm	Übungszeiten
Habit-Abbau	Exploratives Eltern-Kind-Gespräch Entwöhnungsmaßnahmen – Erfolgskalender – Hilfsmittel, z. B. NUK-Schnuller, Mundvorhofplatte	2–3 Monate
Anleitung zur Mundhygiene	Richtige Zahnpflege Ernährung Fluoridpropyhlaxe	
Intensivphase 3–6 Monate; eine Therapiesitzung pro Woche zu 30–45 min	Lockerungsübungen Aktive Übungen – Kopf pendeln – Kopf nicken – Schulter hochziehen und fallen lassen – Oberarm kreisen – Ganzkörperstreckung	
	Passive Übungen – Vibrationsmassage der Zunge – Massage der Mm. masseteres – Massage der Mm. mentales – Massage der M. buccinatores	
	Atemübungen Bewußtmachen der richtigen Atemwege und Atembewegungen	
	Übungen zur Verbesserung der Primärfunktionen Äußerer Funktionskreis	
	– Tauziehen	2mal tgl. 10–20mal
	– Spaghettiübung	2mal tgl. 5–10mal
	– Spatelübung	2mal tgl. 10–20mal
	– Lippenstiftübung	2mal tgl. 5–10mal
	– Lippenteilmassage	2mal tgl. 5–10mal
	– Lippenmassage	2mal tgl. 20–30mal
	– Lippenstrecken	2mal tgl. 20–30mal
	– Oberlippenstrecken	2mal tgl. 20–30mal
	– Röllchenübung	2mal tgl. 10–20mal
	– Masseterübung	2mal tgl. 5–10mal
	Innerer Funktionskreis	
	– Zunge spitzen und breitziehen	2mal tgl. 10–20mal
	– Gummiring am RLP halten	1mal tgl. 5–30 min
	– Zungenschnalzen	2mal tgl. 20–30mal
	– Leerschlucken	2mal tgl. 15–20mal
	– Schlucken von Nahrung mit Gummiring	2mal tgl. 10–20 Bissen
	– Schlucken von Obst mit Gummiring	2mal tgl. 10–20 Bissen
	– Trinken mit Gummiring	
	– Essen einer 1/4 Mahlzeit mit Gummiring	1mal tgl.

	Äußerer und Innerer Funktionskreis – Öffnen – Schließen – Öffnen – Schließen – Schlucken – Kauübung – Kauübung mit Gummiring – Saugübung mit und ohne Widerstand – Trink-Saug-Übung Automations- und Motivationshilfen – Nachtschlucken – Lippenschluß, Zunge am RLP – WIMZ-Stickers – Kontrollkarte „Lippenschluß" – Kontrollkarte „Zungenruhelage" – Erinnerungszeichen I – Erinnerungszeichen II	 2mal tgl. 10–20mal 2mal tgl. 5–10mal 2mal tgl. 10–20mal 2mal tgl. 10–20mal 1mal tgl. max. 5 min 5- bis 7mal tgl.
	Übungen zur Verbesserung der Sekundärfunktionen Laute der II. Artikulationszone – Anbildung der Einzellaute im An-, Aus-, Inlaut /n/, /l/, /d/, /t/, /ʃ/, /s/, /ts/, /x/ – Erarbeitung von Silbe – Wort – Satz – Freie Rede Stimmtherapeutische Maßnahmen	
Heimtherapiephase 2–4 Monate eine telefonische Rücksprache pro Monat	Vorgabe eines genauen Therapieplans zur täglichen Durchführung, um die neu erlernten Muskelfunktionen zu automatisieren	
Auslaufphase 2–4 Monate Therapiesitzungen zu 30–45 min in 4- bis 6wöchigen Abständen	Therapeutisches Eingehen auf noch bestehende myofunktionelle Auffälligkeiten Die Gesamttherapie langsam zu einem Abschluß bringen	
Endphase 1–2 Jahre halbjährliche, logopädische Kontrollen	Abschließende Diagnostik und Beratung, speziell für Patienten, die noch in kieferorthopädischer Behandlung stehen	

Anhang

Anamnese- und Diagnostikbogen zur Erfassung orofazialer Dysfunktionen

Name: ____________ Geb.: ____________
Erstuntersuchung: ____________
Untersucher: ____________ Nachuntersuchung: ____________

Anamnese

Familiäre Situation – schulische Bildung

Auffälligkeiten bei Eltern und Geschwistern:

Sprachstörungen	ja ☐	nein ☐				
Anfallsleiden	ja ☐	nein ☐ (neurologische Erkrankungen)				
Position in der Geschwisterreihe	1 ☐	2 ☐	3 ☐	4 ☐	5 ☐	6 ☐

Bezugsperson:
- Mutter ☐
- Vater ☐
- Großeltern ☐
- andere: ____________

Bildungsweg:
- Kindergarten/Vorschule ☐
- Grundschule /4/6 Jahre ☐
- Sekundarstufe I ☐
- Sekundarstufe II/Gymnasium ☐
- Hochschulreife ja ☐ nein ☐

Prä-, peri- und postnatale Auffälligkeiten

Schwangerschaft:
- normal ☐
- abweichend ☐
- Sonstiges: ____________

Geburt:
- termingerecht ☐
- Frühgeburt ☐ über 14 Tage ☐
- Sectio ☐
- Verzögerter Geburtsverlauf ☐
- Asphyxiezeichen ☐
- Geburtsgewicht ______ g
- Größe ______ cm

Ernährung:
- Sondennahrung ☐ wie lange ______ Monate
- Brustnahrung/Stillen ☐ wie lange ______ Monate
- Saugverhalten normal ☐ langsam ☐ schnell ☐

Schluckprobleme ja ☐ nein ☐
Flaschennahrung ja ☐ nein ☐
Zeitpunkt (ab wann) ______ Woche
______ Monate
Dauer (bis wann) ______ Monate
Wurde das Saugloch vergrößert: ja ☐ nein ☐
Zeitpunkt der Umstellung auf feste Nahrung:
Gebrauch des Löffels 3–5 Monate ☐ 5–7 Monate ☐ verspätet ☐
Gebrauch der Tasse 5–7 Monate ☐ 7–9 Monate ☐ 9–12 Monate ☐
Lieblingsspeise Konsistenz: fest ☐ weich ☐ breiig ☐ flüssig ☐

Statomotorische Entwicklung:
Kriechen: ja ☐ nein ☐
Krabbeln: ja ☐ nein ☐
Gehen: ☐ 12 Monate ☐

Sprachliche Entwicklung: normal ☐ verzögert ☐ behindert ☐

Orale Habits: ja ☐ nein ☐
Schnuller ☐ Flasche/Sauger ☐
Daumen ☐ Sonstiges: ______________________
Finger ☐
Dyskinesien ja ☐ nein ☐

Habitabbau: vollständig ☐ teilweise ☐ nein ☐
Zeitpunkt: bis 3. Lbj. ☐ 3.–6. Lbj. ☐ nach 6. Lbj. ☐

Diagnostik

HNO-Status

Ohren: Trommelfell o. B. ☐ retrahiert ☐ Mittelohrerguß ☐

Gehör: normale Hörschwelle ☐ Hörstörung ☐
Schalleitungsstörung ☐
Schallempfindungsstörung gering ☐ mittel ☐ hochgradig ☐
kombinierte Hörstörung ☐

Nase: bds. frei ☐ behinderte Nasenatmung ☐
Septumdeviation ☐ Polyposis ☐
Rhinopathia allergica ☐ Rh. vasomotorica ☐

Adenoide: ja ☐ nein ☐ St. p. AT ☐

Mundatmung: organisch ☐ habituell ☐ komb. Mund-Nasen-Atmung ☐

Zunge: Größe normal ☐ Pseudo- ☐ Makroglossie ☐
Protrusion ☐ interdental ☐ interlabial ☐
Frenulum linguae verkürzt ☐ Ankyloglossie ☐

Tonsillen: unauffällig ☐ St. p. Te ☐
hyperplastisch ☐ seitendifferent ☐

Harter Gaumen: normal ☐ hoch – spitz ☐

Gaumensegel: normal ☐ kurz ☐ St.p.VR ☐
Gs-Hebung: symmetrisch ☐ asymmetrisch ☐ keine ☐
velopharyngealer Abschluß: komplett ☐
inkomplett ☐

Rugae palatinae: normal ☐ stark ausgeprägt ☐

LKG-Spalten: keine ☐ submuköse GS ☐ RS ☐
St.p.LKG ☐ dext. ☐ sin. ☐ bil. ☐

Larynx: o. B. ☐ sekundäre organische Veränderungen ☐

Zahnstatus

Gebiß:
Milchgebiß ☐
Wechselgebiß ☐
bleibendes Gebiß ☐
ANGLE -Klasse I ☐
-Klasse II ☐ II/1 ☐ II/2 ☐
-Klasse III ☐
Overbite: ☐ 2–3 mm ☐
offener Biß ☐
tiefer Biß ☐
Kreuzbiß ☐

Zustand:
kariesfrei ☐
saniert ☐
behandlungsbedürftig ☐

Zahnfleisch:
gesund ☐
entzündet ☐
retrahiert ☐

Kiefergelenk:
Geräusche ☐
Schmerzen ☐

Beurteilung der Primärfunktionen

Art der Nahrungsaufnahme (Banane, Apfel, Joghurt, Schwarzbrot):
Abbeißen ☐
frontal ☐
lateral ☐
Abreißen ☐
Nahrungsaufnahme mit Löffel: mit Zungenstoß ☐
Schlucken: mit Zungenstoß ☐
Trinken: mit Zungenstoß ☐

Beurteilung der Sekundärfunktionen

Artikulation:
☐ AS/I – interdental /n/, /l/, /d/, /t/
☐ AS/II – addental, interdental, lateral
☐ multiple Interdentalität
☐ Dysglossie
☐ Rhinolalia: aperta ☐ mixta ☐ clausa ☐

Phonation: Dysphonie ja ☐ nein ☐

Myofunktioneller Status

Körper:	– Haltung/Tonus	unauffällig ☐	hypoton ☐	hyperton ☐
Lippen:	– Struktur	normal ☐	abweichend ☐	
	– Schluß	komplett ☐	inkomplett ☐	
	– Beißen/Saugen	ja ☐	nein ☐	
Zunge:	– Form	unauffällig ☐		
		Impressionen ☐		
	– Tonus	normal ☐	hypoton ☐	hyperton ☐
	– Lage	normal ☐	tief ☐	interdental ☐
	– Motilität	normal ☐	gestört ☐	
	– Sensibilität	normal ☐	gestört ☐	

Dokumentation

Messungen der Lippenkraft mit der Federwaage nach Garliner

Lippenkraft vor Therapie ______ Kp nach Therapie ______ Kp

Payne-Technik

vor Therapie

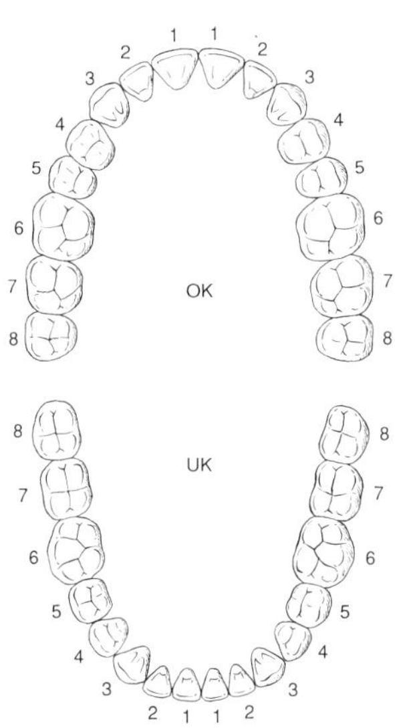

nach Therapie

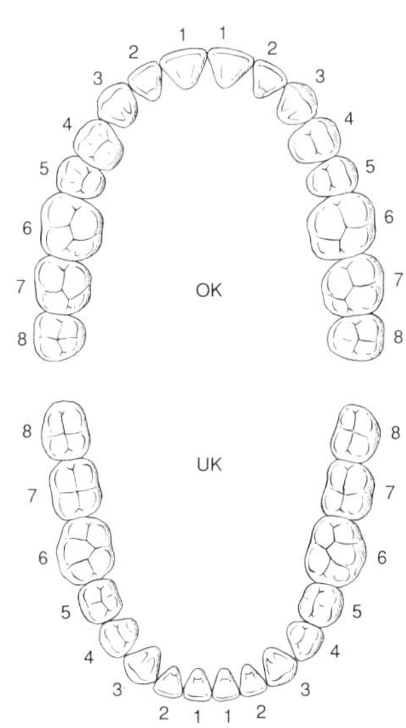

Muskelfunktionsprüfung

Masseter-Prüfung:	normal ☐	hypoton ☐	hyperton ☐
	seitendifferent ☐	rechts > links ☐	
		links > rechts ☐	
Mentalisprüfung:	passiv ☐	aktiv ☐	

Glossar

Abduktion	Öffnung der Stimmritze
Achalasie	fehlende schluckreflektorische Öffnung der Kardia
Adduktion	Schließung der Stimmritze
Adenoide Vegetationen	Vergrößerung der Rachenmandel, umgangssprachlich fälschlich als Polypen bezeichnet
Adenotomie, Adenektomie, Adenoidektomie	chirurgische Entfernung der Rachenmandel
Afferent	aufsteigend, hinführend
Anamnese	Vorgeschichte des Kranken und seiner Krankheit
Anatomie	Lehre vom Bau des Körpers und seiner Organe
Anatomische Richtungsbezeichnungen	
– anterior (ventral)	vorne
– distal	körperfern
– Frontalebene	Stirnebene; parallel zur Stirne
– Horizontalebene	parallel zum Boden
– inferior (caudal)	unten
– lateral	seitlich gelegen
– medial	zur Körpermitte hin
– median	in der Körpermitte
– Medianebene	Mediansagittalebene; Sagittalebene genau durch die Körpermitte
– posterior (dorsal)	hinten
– proximal	körpernah
– Sagittalebene	Pfeilebene; von vorne nach hinten
– superior (cranial)	oben
Angle-Klasse I	Neutralbiß
Angle-Klasse II	Distalbiß
Angle-Klasse III	Mesialbiß (Progenie)
Ankyloglossie	Verwachsung der Zunge mit dem Mundboden, zu kurzes Zungenbändchen
Anorexia nervosa	organisch nicht begründbare, auf psychischer Fehlhaltung beruhende Appetitlosigkeit, die zu Magersucht führen kann
Ansatzrohr	alle lufthaltigen Räume oberhalb der Glottis, die der Klang- und Lautbildung dienen
Antagonistisch	entgegenwirkend
Apikal	an der Spitze eines Organs
Arthropathie	Gelenkerkrankung
Articulatio temporomandibularis	Kiefergelenk
Artikulation	Lautbildung
Artikulographie	Methode zur graphischen Darstellung der Bewegungen der Artikulatoren (Lippen, Zunge, Gaumensegel) beim Sprechen und Schlucken auf elektromagnetischem Weg
Aryepiglottische Falten	Begrenzung des Kehlkopfeingangs, Falten zwischen Epiglottis (s. d.) und Aryknorpel (s. d.)
Aryknorpel	Stellknorpel, Cart. arytenoidea, Teil des Kehlkopfskeletts
Aspiration	Eindringen von Flüssigkeiten oder Festkörper in die Luftröhre bzw. Lunge, nach Art der Aspiration unterscheidet man eine prädeglutitive A., intradeglutitive A. und postdeglutitive A.
Ätiologie	Lehre von den Krankheitsursachen

Ätiologisch	auf die Ursache einer Krankheit bezogen
Atrophie	Gewebe- oder Organschwund
Audiometrie	Messung des Hörvermögens
Axiographie	Methode zur (Früh)-diagnose von Störungen im stomatognathen System; es werden die Bewegungen der Schanierachspunkte der Kiefergelenke graphisch dargestellt
Bilateral	beidseitig, vs. unilateral
Bolus	Bissen, eine zum Verschlucken vorbereitete Nahrung im Mund
Broca-Region	motorisches Sprachzentrum im Stirnlappen der dominanten Hemisphäre
Bruxismus	Zähneknirschen; Parafunktionen (s. d.)
Buccinator	M. buccinator, Backen- oder Trompetenmuskel, bildet die Grundlage der Wange
Bukkal	wangenwärts im Seitzahnbereich
Caput mandibulae	Kiefergelenksköpfchen
Cartilago arytaenoidea	Stellknorpel, „Aryknorpel", Teil des Kehlkopfskeletts
Cartilago cricoidea	Ringknorpel, „Krikoid", Teil des Kehlkopfskeletts
Cartilago thyroidea	Schildknorpel, „Thyroid", Teil des Kehlkopfskeletts
Choanalatresie	eingseitiger oder beidseitiger, angeborener, knöcherner oder membranöser Verschluß der hinteren Nasenöffnungen
Choanen	hintere Öffnungen der Nasenhöhle in den Nasenrachen
Cortex	Großhirnrinde
Deglutition	Schluckakt
Dentes permanentes	bleibende Zähne
Dentin	Zahnbein
Diastema	Zwischenraum zwischen den Zähnen, besonders zwischen den Schneidezähnen
Differentialdiagnose	Abgrenzung und Unterscheidung anderer ähnlicher Krankheitsbilder
Discus articularis	knorpelige Gelenkscheibe, Teil des Kiefergelenks
Distalbiß	der Unterkiefer liegt in der Verzahnung weiter hinten als im Regelbiß
Dysfunktion	Funktionsstörung
Dysglossie	Störung der Sprachlautbildung aufgrund pathologischer Veränderungen an den peripheren Sprechwerkzeugen
Dysgnathie	Zahn- und Kieferfehlstellung
Dyskinesien	Fehlfunktionen, orofaziale Dyskinesien
Dyslalie	entwicklungsbedingte Störung der Lautbildung
Dysphagie	Störung des Schluckakts
Dysphonie	Stimmstörung
Efferent	absteigend, herausführend (aus dem ZNS in die Körperperipherie), vs. afferent
Epiglottis	Kehldeckel, Cartilago epiglottica, Teil des Kehlkopfskeletts
Epipharynx	Nasopharynx, Nasenrachen
Eufunktion	normaler, physiologischer Funktionsablauf; vs. Dysfunktion (s. d.)
Eugnathie	Regelverzahnung
Eustachi-Röhre	Ohrtrompete, „Tube", Verbindung vom Nasenrachen zum Mittelohr für den Druckausgleich
Eutonie	Zustand ausgeglichener Körperspannung
Extrapyramidal	wichtiges Zentralorgan

motorisches System	im Gehirn, das die unwillkürliche Mitbewegung der Gliedmaßen bei Körperbewegungen und vor allem den Muskeltonus maßgeblich beeinflußt und reguliert
Flügelmuskeln	Muskeln vom Pterygoidfortsatz des Schädels zum Unterkiefer. Mm. pterygoidei
Frenulum	Bändchen
– labialis	Lippenbändchen
– linguae	Zungenbändchen
Frenulotomie	Durchtrennung des Zungenbändchens bei Ankyloglossie
Foramen caecum linguae	Vertiefung in der Medianlinie der Zunge
Fossa	Grube
Fossa articularis	Kiefergelenksgrube
Gaumenmandeln	Tonsillen, Tonsilla palatina, lymphatisches Gewebe zwischen vorderem und hinterem Gaumenbogen
Gaumensegel	Velum palatinum, weicher Gaumen, beweglicher Teil des Gaumens zum Abschluß des Nasenrachens
Gaumenspalte	Spalte in der Mittellinie des Gaumens bei Störung des Zusammenwachsens der Oberkieferfortsätze; submuköse Gaumenspalte (s. d.)
Gingiva	Zahnfleisch
Gingivitis	Zahnfleischentzündung
Globusgefühl	Unwohlgefühl (Knödel im Hals), meist bei hyperfunktionellen Störungen
Glottis	Stimmritze, Raum zwischen den Stimmlippen
GRUMS	Heidelberger Gruppenkonzept für myofunktionelle Störungen
Habit, oral	Lutschgewohnheit, Parafunktionen (s. d.)
Hamartom	Geschwulst aus einer Fehlbildung
Haptisch	den Tastsinn betreffend, mit Berührungsempfindung einhergehend
Harter Gaumen	vorderer Teil des Gaumens, knöcherner Abschluß zwischen Mund- und Nasenhöhle
Heiserkeit	Sammelbegriff für alle Arten pathologischer Stimmklänge, Dysphonie (s. d.)
Hirnnerven	zwölf paarige Nerven, die direkt aus dem Gehirn austreten und Kopf-, Brust- und Bauchorgane motorisch, sensibel, sensorisch und vegetativ versorgen; sie werden in der Reihenfolge ihres Austritts numeriert: I Riechnerv (Olfactorius), II Sehnerv (Opticus), III, IV, VI Augenmuskelnerven (Oculomotorius, Trochlearis, Abducens), V Trigeminus, VII Facialis, VIII Statoacusticus, IX Glossopharyngeus, X Vagus, XI Akzessorius, XII Hypoglossus
Hydrozephalus	angeborene oder erworbene Ausweitung der Liquorräume des Gehirns
Hyoid	Zungenbein, Os hyoidem, Teil des Kehlkopfskeletts
Hyperfunktionell	ein Zuviel an z. B. Spannung, Muskelaktivität, Atemdruck
Hypersalivation	vermehrter Speichelfluß
Hypersensibilität	Überempfindlichkeit bei herabgesetzter Reizschwelle, verstärkte Wahrnehmungen auf einwirkende Reize

Hypertension	erhöhte Spannung, z. B. in der Muskulatur, vs. Hypotension
Hypofunktionell	ein Zuwenig an z. B. Spannung, Muskelaktivität, Atemdruck
Hypopharynx	Kehlrachen
Hypotonus	herabgesetzte Spannung, z. B. in der Muskulatur, vs. Hypertonus
Interdental	die Zungenspitze befindet sich bei der Artikulation zwischen der oberen und unteren Zahnreihe
Interdentalität	Zunge „zwischen den Zahnreihen" bei der Lautbildung
Inzisal	zur Schneidekante (bei Frontzähnen)
Inzisalkante	Schneidekante
Kantbiß	Höcker-Höcker-Kontakt
Kardia	Speiseröhren-Magen-Übergangszone
Kehlkopf	Larynx (s. d.)
Kehlkopfmuskulatur, innere	bewirkt Öffnen und Schließen der Stimmritze sowie Spannen der Stimmlippen
Kehlkopfventrikel	Ventriculus laryngis, Sinus Morgani, seitliche Ausbuchtung zwischen Stimmlippe und Taschenfalte
Kiefer	Oberkiefer (Maxilla), Unterkiefer (Mandibula)
Kiefer-Gaumen-Spalte	Mißbildung, Kombination einer ein- oder beidseitigen Kiefer- und Gaumenspalte
Kieferorthopädie	Fachgebiet der Zahnheilkunde, das sich mit der Behandlung von Kiefer- und Gebißanomalien und der Verhütung ihrer Entstehung befaßt (KFO)
Kinnmuskel	M. mentalis
Kreuzbiß	die bukkalen Höcker der oberen Molaren gelangen in die Gruben der Unterkieferzähne
Kricoid	Ringknorpel, Cartilago cricoidea, Teil des Kehlkopfskeletts
Labial	lippenwärts (im Frontzahnbereich)
Labiodental	lippen-zahnwärts, Artikulationsort, bei der die Unterlippe und die oberen Schneidezähne beteiligt sind
Lähmung	inkomplette L.: Parese; komplette L.: Plegie; nach Lokalisation der Schädigung unterscheidet man eine periphere (schlaffe) von einer zentralen (spastischen) Lähmung
Laryngoskopie	Kehlkopfuntersuchung mittels Kehlkopfspiegel (indirekte L.) oder mit dem Laryngoskop (direkte L.)
Larynx	Kehlkopf, bestehend aus Knorpelgerüst, Bandapparat, Muskulatur und Schleimhaut
Lingual	zungenwärts, zur Zunge gehörig
Lippen-Kiefer-Gaumen-Spalte	Mißbildung, angeborene ein- oder beidseitige Spaltbildung im Lippen-Kiefer-Gaumen-Bereich (LKGS)
Lippenbändchen	Ober-, Unterlippenbändchen, Frenulum labialis
Lippenrot	haar- und drüsenlose Übergangszone von der Gesichtshaut zur Mundvorhofschleimhaut
Logopädie	Lehre von Diagnose und Behandlung der Stimm-, Sprech- und Sprachstörungen
LOOFT	Logopädisch orientierte orofaziale Therapie

M. anticus	M. cricothyroideus, innerer Kehlkopfmuskel, Stimmlippenspanner
M. arytaenoideus transversus	M. transversus (s. d.)
M. buccinator	Backen- oder Trompetenmuskel, bildet die Grundlage der Wange; Druck- und Kauantagonist der Zunge, zusammen mit dem M. orbicularis oris verkleinert er den Mundvorhof
M. cricoarytaenoideus lateralis	M. lateralis (s. d.)
M. cricoarytaenoideus posterior	M. posticus (s. d.)
M. cricothyroideus	M. anticus (s. d.)
M. depressor anguli oris	Mundwinkelsenker
M. depressor labii inferioris	Oberlippensenker
M. internus	M. vocalis (s. d.)
M. lateralis	M. cricoarytaenoideus lateralis, innerer Kehlkopfmuskel, Stimmritzenschließer
M. levator labii superioris et alaeque nasi	Heber der Oberlippe und des Nasenflügels
M. masseter	gefiederter Kaumuskel mit oberflächlichem und tiefem Anteil, bedeckt die Außenfläche des aufsteigenden Unterkieferastes, Heben und Vorschieben des Unterkiefers beim Kauen
M. mentalis	Kinnmuskel, wirkt indirekt auf die Mundmuskeln, unterstützt beim festen Mundspaltenschluß
M. orbicularis oculi	Ringmuskel des Auges
M. orbicularis oris	bildet die muskuläre Grundlage der Lippe, Ringmuskel des Mundes, für vielfältige Bewegungen wie z. B. Saugen, Pfeifen, Blasen nötig
M. posticus	M. cricoarytaenoideus posterior, innerer Kehlkopfmuskel, Stimmritzenöffner
M. pterygoideus	Flügelmuskel (Kaumuskel)
M. risorius	Lachmuskel
M. temporalis	Schläfenbeinmuskel (Kaumuskel)
M. thyroarytaenoideus	M. vocalis (s. d.)
M. transversus	M. arytaenoideus transversus, innerer Kehlkopfmuskel, Stimmritzenschließer
M. vocalis	M. internus, M. thyroarytaenoideus, Stimmlippenmuskel, innerer Kehlkopfmuskel, Stimmlippenspanner
Makroglossie	übergroße Zunge, angeboren oder erworben bei z. B. Morbus Down, Kretinismus, Akromegalie, Quincke Ödem
Malokklusion	fehlerhafte Verzahnung
Mandibula	Unterkiefer
Masseter	M. masseter, gefiederter Kaumuskel mit oberflächlichem und tiefem Anteil der Außenfläche des aufsteigenden Unterkieferastes aufliegend
Maxilla	Oberkiefer
Medulla oblongata	Verlängertes Mark, Teil des Hirnstamms, Sitz von Atem-, Herz- und Kreislaufzentrum und anderen wichtigen Reflexzentren, wie z. B. Schlucken, Niesen
Mesial	zur Kiefermitte hin
Mesopharynx	Oropharynx, Mundrachen
MFT	Myofunktionelle Therapie
Moebius-Syndrom	angeborene oder frühmanifeste motorische Ausfälle infolge Atrophie von Hirnnervenkernen (III, VI, VII)
Molar	Mahlzahn
Molaren	Mahlzähne, große Backenzähne (6er, 7er, 8er)

Morbus Down	Mongolismus, Trisomie 21
Morgani-Ventrikel	Kehlkopfventrikel, seitliche Ausstülpung der Kehlkopfschleimhaut zwischen Stimmlippe und Taschenfalte
Morphologie	Lehre von Bau und Gestalt der Lebewesen und ihrer Organe, Zahnmorphologie (s. d.)
Mundvorhof	Vestibulum oris, Raum zwischen Lippen und Zahnreihen
Musculus	Muskel
Myasthenia gravis	krankhafte Muskelschwäche oder -ermüdbarkeit infolge Störung an den motorischen Endplatten
N. facialis	VII. Hirnnerv, Gesichtsnerv
N. glossopharyngeus	IX. Hirnnerv, an der motorischen und sensiblen Versorgung von Gaumen, Rachen und hinterer Zunge beteiligt
N. hypoglossus	XII. Hirnnerv, Zungennerv
N. laryngeus inferior (N. recurrens)	unterer Kehlkopfnerv, Ast des N. vagus, versorgt motorisch die innere Kehlkopfmuskulatur
N. laryngeus superior	oberer Kehlkopfnerv, Ast des N. vagus, versorgt motorisch den M. anticus und sensibel die Kehlkopfschleimhaut
N. trigeminus	V. Hirnnerv
N. vagus	X. Hirnnerv, innerviert Schlund- und Kehlkopfmuskulatur
Nasal	auf die Nase als Resonanzraum bezogen
Nasennebenhöhlen	mit Schleimhaut ausgekleidete Hohlräume im Gesichtsschädel, die mit der Nase in Verbindung stehen: Stirnhöhlen, Kieferhöhlen, Siebbeinzellen, Keilbeinhöhle
Nasenseptum	Nasenscheidewand, Trennwand zwischen beiden Nasenhöhlen
Nasopharynx	Nasenrachen, Epipharynx (s. d.)
Nervus	Nerv
Odontoblasten	Bindegewebszellen im Pulpenkavum, die Dentin bilden
Offener Biß	Overbite größer als 3 mm
Okklusal	zur Kaufläche (bei Seitzähnen)
Okklusion	Zahnreihenschluß, Stellung der unteren zur oberen Zahnreihe beim Schlußbiß
Oral	zur Mundhöhle gehörend
Orale Phase	Mundphase beim Schlucken, willentlich beeinflußbar und trainierbar
Oropharynx	Mundrachen, Mesopharynx (s. d.)
Os hyoideum	Zungenbein, hufeisenförmige Knochenspange zwischen Schildknorpel und Mundboden zur Aufhängung der oberen und unteren Zungenbeinmuskulatur
Ösophageale Phase	Speisenröhrenphase beim Schlucken
Ösophagusatresie	angeborene Fehlentwicklung des Ösophagus
Overbite	vertikaler Überbiß der Frontzähne
Overjet	sagittaler Schneidekantenabstand
Orofaziale Dyskinesien	z. B. Lippenbeißen, Bruxismus (Zähneknirschen)
Papilla incisiva	Inzisalpapille am vorderen Anteil des harten Gaumens
Parafunktionen	orale Habits (z. B. Lutschgewohnheiten)
Parodontose	Schwund des Zahnhalteapparates

Pathogenese	Krankheitsentstehung
Pathologisch	krankhaft
Payne-Technik	palatographische Technik zum Sichtbarmachen der Berührungspunkte der Zunge am harten Gaumen und an den Zahnreihen beim Schlucken
Peripher	außen, vs. zentral
Pharyngeale Phase	Gaumen-Rachen-Phase beim Schlucken
Pharynx	Rachen, Epi-(Naso-), Oro-(Meso-), Hypopharynx
Phonation	Stimmgebung
Phonem	kleinste bedeutungsunterscheidende Einheit im Sprachsystem
Phonetik	Lehre von der Lautbildung und ihren Untersuchungsmethoden
Phonetische Symbole und ihre orthographische Übersetzung	/a/ wie in Gabel /ai/ wie in Schwein /au/ wie in Haus /b/ wie in Leber /ç/ wie in Licht /d/ wie in Köder /e/ wie in Leben /f/ wie in Affe /g/ wie in Igel /h/ wie in Hose /i/ wie in Riese /j/ wie in Jacke /k/ wie in Hecke /l/ wie in Hölle /m/ wie in Hammer /n/ wie in Henne /ŋ/ wie in Länge /o/ wie in Hose /ø/ wie in böse /ɔy/ wie in Leute /p/ wie in Kappe /r/ wie in Rad /s/ wie in Kasse /ʃ/ wie in Rüsche /t/ wie in Kette /u/ wie in Kugel /v/ wie in Löwe /x/ wie in Sache /y/ wie in Bühne /z/ wie in Hase
Phoniatrie	ärztliches Spezialgebiet, das sich mit der Diagnose und Behandlung aller Arten von Stimm-, Sprech- und Sprachstörungen sowie der Pädaudiologie befaßt
Physiologisch	normal, den natürlichen Lebensvorgängen entsprechend
Pierre-Robin-Syndrom	frühfetale Hemmungsmißbildung des Mund-, Kiefer- und Zungenbereichs mit unterentwickeltem Unterkiefer, Gaumenspalte, kleiner Zunge, röchelnder Mundatmung, erschwerter Nahrungsaufnahme, Brechneigung und Aspirationsgefahr
Prä-, peri-, postnatal	vor, während, nach der Geburt
Prämolar	Vormahlzahn
Primärfunktionen	Vitalfunktionen wie Atmen, Saugen, Beißen, Kauen und Schlucken
Progenie	der Unterkiefer ragt vor den Oberkiefer, vs. Prognathie
Prognathie	Oberkiefer ragt vor den Unterkiefer, vs. Progenie
Protrusion	Vorschubbewegung
Pseudomakroglossie	scheinbar „zu große" Zunge aufgrund muskulärer Dysfunktionen
Pyramidenbahn	absteigende Leitungsbahnen des ZNS, die in der Großhirnrinde entspringen und bis zu den motorischen Kernen der Hirnnerven zu den Vorderhornzellen des Rückenmarks ziehen
Rachenmandel	adenoide Vegetationen (s. d.)
Recessus piriformis	Teil des Kehlrachens, birnenförmige Aussackung am Übergang zum Speiseröhreneingang
Reflux, gastroösophagealer	retrograde Bewegung von Mageninhalt in die Speiseröhre

Refluxösophagitis	Entzündung des distalen Ösophagus bei gastroösophagealem Reflux (s. d.)
Respiration	Atmung
Retrusion	Rückschubbewegung
Rhagaden	vom Mundwinkel ausgehende Hautschrunden
Rhinolalia aperta	offenes Näseln, pathologisch gesteigerter Anteil an nasaler Resonanz sowie Abschwächung der oralen Konsonanten infolge velopharyngealer Insuffizienz
Rhinolalia clausa	geschlossenes Näseln, herabgesetzte Nasenresonanz und gestörte Nasallautbildung infolge verlegter Nase und/oder Verlegung des Epipharynx
Rhinolalia mixta	gemischtes Näseln, Kombination von offenem und geschlossenem Näseln (z. B. chronischer Schnupfen mit verlegter Nase und Gaumenspalte mit velopharyngealer Insuffizienz)
Rhinophonia aperta/clausa	Resonanzstörung wie bei der jeweiligen Rhinolalieform, jedoch ohne gleichzeitige Störung der Lautbildung
Röntgenkinematographie	Röntgenfunktionsdiagnostik des Schluckaktes, auf 55-mm-Film aufgezeichnete Röntgenbilder mit einer Bildfrequenz von 50 Aufnahmen pro Sekunde
Rugae palatinae	derbe Schleimhautverdickungen am vorderen Anteil des harten Gaumens
Ruhetonus	Spannungszustand der Muskulatur in Ruhe
Salivation	Speichelfluß, Speicheln, Hypersalivation (s. d.)
Schluckreflex	nicht willentlicher, am Ende der oralen Phase beginnender Teil des Schluckakts
Sekundärfunktionen	spezifisch menschliche Funktionen wie Artikulation und Phonation
Septum nasi	Nasenscheidewand mit knorpeligem und knöchernem Anteil
Sonographie	bildgebendes Verfahren mittels Ultraschall
Spee-Kurve	sagittale Kompensationskurve der Okklusion
Stammganglien	motorische Kerne in der Tiefe der Großhirnhemisphären und im oberen Hirnstamm, steuern automatische Bewegungsabläufe über extrapyramidale Bahnen
Stereognose	Fähigkeit zur Objekterkennung und -unterscheidung
Stimmlippe	lippenartiger Vorsprung von der seitlichen Kehlkopfwand zwischen Stellknorpel und Schildknorpel, bestehend aus Schleimhaut, Bindegewebe und Muskulatur
Stimmritzenöffner	M. posticus (s. d.)
Stimmritzenschließer	M. lateralis (s. d.), M. transversus (s. d.)
Stimmritzenspanner	M. anticus (s. d), M. vocalis (s. d.)
Stomatognathes System	Kauapparat, umfaßt die harten und neuromuskulären Kaustrukturen
Subglottis	Raum unterhalb der Glottis (s. d.)
Sublingual	unter der Zunge
Submuköse Gaumenspalte	unter der Schleimhaut gelegene Spaltmißbildung des Gaumens
Supraglottis	Raum oberhalb der Glottis (s. d.) bis zum Kehlkopfeingang

Suprahyoidal	oberhalb des Zungenbeins
Syndrom	Symptomenkomplex, Gruppe gleichzeitig auftretender Krankheitszeichen
Taschenband(-falte)	faltenartige Vorwölbung der seitlichen Kehlkopfwand vom Aryknorpel bis zum Schildknorpel, über der Stimmlippe liegend
Thalamus	eiförmige Kerngruppe beidseits des dritten Ventrikels im Zwischenhirn gelegen; sensible und motorische Kerne, welche die auf- und absteigende Information im Sinne eines „Tors zum Bewußtsein" kontrollieren
Thyroid	Schildknorpel, Cartilago thyroidea, Teil des Kehlkopfskeletts
Tongue-thrust	Zungenpressen, Zungenstoß
Tonsille	Gaumenmandel (s. d.), Tonsilla palatina
Tonsillektomie	chirurgische Entfernung der Gaumenmandeln
Tonsillenhyperplasie	übergroße Gaumenmandeln, die eine Fehlfunktion der Zunge beim Schlucken und Sprechen begünstigen können
Tonus	Spannung der Muskulatur
Trachea	Luftröhre
Triggerareale	reflexauslösende Zonen
Unilateral	einseitig, vs. bilateral
Uvula	Zäpfchen, Fortsatz des weichen Gaumens mit Eigenmuskulatur
Vallecula glosso-epiglottica	paarige Grube zwischen Zungengrund und Kehldeckel
Velopharygealer Abschluß	Gaumensegel-Rachen-Abschluß
Velopharyngoplastik	phonochirurgischer Eingriff zur Verbesserung des velopharyngealen Abschlusses bzw. zur Reduzierung einer velopharyngealen Insuffizienz
Veloraphie	Verschluß des weichen Gaumens
Velum palatinum	Gaumensegel, weicher Gaumen
Vestibulum oris	Mundvorhof, Raum zwischen Lippen und Zahnreihen
Videofluoroskopie	videoaufgezeichnete Röntgendurchleuchtung mit einer Bildfrequenz von 25 Aufnahmen pro Sekunde
Viszerales Schlucken	unwillkürlicher, nicht willentlich beeinflußbarer Teil des Schluckablaufs
Weicher Gaumen	Gaumensegel, Velum palatinum (s. d.)
Zahnmorphologie	Aufbau und Gestalt des Zahns
Zäpfchen	Uvula, Fortsatz des Gaumensegels mit Eigenmuskulatur
Zentral	in der Mitte gelegen, vs. peripher
Zerebral	das Gehirn betreffend
Zervikal	den Hals und Nacken betreffend
Zungenbändchen	Frenulum linguae (s. d.)
Zungenbein	Os hyoideum (s. d.)
Zungendruck	Muskelkraft beim Pressen der Zunge gegen einen Widerstand
Zungenpressen	Tongue thrust, Zungenstoß
Zungenstoß	Zungenpressen, Tongue-thrust (s. d.)

Abkürzungen

anat.	anatomisch
Art.	Ariculatio (lat.), Gelenk
AS	Artikulationsstörungen AS /I: interdental – /n/, /l/, /d/, /t/ AS /II: addental, interdental, lateral – /s/, /ts/, /x/, /ʃ/
At	Adenotomie, Adenektomie, Adenoidektomie
bil.	bilateral (lat.), beidseits
Cart.	Cartilago (lat.), Knorpel
dext.	dexter (lat.), rechts
EMA	elektromagnetische Artikulographie
Ft	Frenulotomie
Gs	Gaumensegel
GS	Gaumenspalte
HNO	Hals-Nasen-Ohren-Heilkunde
i. spez.:	im speziellen
KG	Kiefergelenk
lat.	lateinisch
Lig.	Ligamentum (lat.), Band
LKGS	Lippen-Kiefer-Gaumen-Spalte
LOOFT	Logopädisch Orientierte Orofaziale Therapie
M.	Musculus (lat.), Muskel
MFT	Myofunktionelle Therapie
MVP	Mundvorhofplatte
N.	Nervus (lat.), Nerv
NmS	neuromuskuläres System
OK	Oberkiefer
OMF	Orofaziale Muskelfunktions-therapie
Os.	Knochen
Pz	Parazentese
RLP	Ruhelagepunkt
r. p.	Rugae palatinae
RS	Restlücke harter Gaumen
s. d.	siehe dort
sek.	sekundär
sin.	sinister (lat.), links
St. p.	Status post (lat.), Zustand nach
Te	Tonsillektomie
UK	Unterkiefer
VR	Veloraphie
vs.	im Gegensatz
ZNS	Zentralnervensystem

Literatur

Angle, E. H.: Classification of malocclusion. Dent. Cosmos 41 (1899) 248

Arvedson, J., L. Brodsky: Pedriatric Swallowing and Feeding: Assessment and management. Singular Publishing Group, San Diego 1993 (pp. 58–59)

Arvedson, J., B. T. Rogers: Pediatric swallowing and feeding disorders. J. med. Speech Lang. Pathol. 1 (1993) 203–221

Bahnemann, F.: Mundatmung als Krankheitsfaktor. Drei Beiträge über Ursachen, Symptome, Folgen und therapeutische Konsequenzen eines funktionellen Syndroms der Gesamtpersönlichkeit. Fortschr. Kieferorthop. 40 (1979) 117–136, 221–228, 321–433

Barret, R. H., M. L. Hanson: Oral Myofunctional Disorders. Mosby, St. Louis 1978

Bartolome, G., D. W. Buchholz, Ch. Hannig, S. Neumann, M. Prosiegel, H. Schröter-Morasch, A. Wuttge-Hannig: Diagnostik und Therapie neurologisch bedingter Schluckstörungen. Fischer, Stuttgart 1993

Berndsen, K. J.: Zum Verständnis der Myofunktionellen Therapie. In Berndsen u. Berndsen: Neuromotorische Koordinationsstörungen und Auswirkungen auf orofaziale Muskulatur. Lang, Frankfurt/M. 1991

Biesalski, P., F. Frank: Phoniatrie, Pädaudiologie, Bd. I/II. Thieme, Stuttgart 1994

Bigenzahn, W., H. Höfler: Stimm- und Sprechapparat. Einführung in die Rhinolaryngologie, Physiologie und Pathologie der Stimm- und Sprachlaute. Sprachheilpädagoge 4/1985, 35–51; 1/1986, 25–38

Bigenzahn, W., N. Gritzmann, H. Höfler: Artikulations- und Schluckbewegungen der Zunge in der Realtime-Sonographie. Zbl. HNO 135 (1988) 37

Bigenzahn, W.: Myofunktionelle Störungen der Orofazialregion im Kindesalter, Klinik-Ätiologie-Therapie. Laryngo-Rhino-Otol. 69 (1990) 231–236

Bigenzahn, W., E. Piehslinger, R. Slavicek: Computerized axiography for functional diagnosis of orofacial dysfunctions. Folia Phoniatr. 43 (1991) 275–281

Bigenzahn, W., L. Fischman, U. Mayrhofer-Krammel: Myofunctional therapy in patients with orofacial dysfunctions affecting speech. Folia Phoniatr. 44 (1992) 238–244

Blöcher, E.: Beziehung zwischen Kieferanomalie, Sprachstörung und Lese-Rechtschreibschwäche unter dem Aspekt einer motorischen Dysfunktion. Sprachheilarbeit 23 (1978) 121–132

Bobath, K., B. Bobath: Die abnormen Haltungsreflexe bei Gehirnschäden (Abnormal Postural Reflex Activity Caused by Brain Lessions). Heinemann, London 1965

Bobath, K.: A Neurophysiological Basis for the Treatment of Cerebral Palsy. Heinemann, London 1980

Böcker, R., B. Wein, S. Klajman: Ultraschalluntersuchung der aktiven und passiven Beweglichkeit der Zunge. Folia Phoniatr. 41 (1989) 277–282

Boeckh, J., R. Jung, H. Kornhuber, R. F. Schmidt, U. Thoden: Somatische Sensibilität, Geruch und Geschmack. Urban & Schwarzenberg, München 1972

Bosma, J. F.: Symposium on Oral Sensation and Perception. Thomas, Springfield/Ill. 1967

Breitwieser, H. G.: Therapeutische Möglichkeiten bei myofunktionellen Störungen. In G. Kittel: Phoniatrie und Pädaudiologie. Deutscher Ärzteverlag, Köln 1989

Castillo-Morales, R., E. Crotti, C. Avalle, G. J. Limbrock: Orofaziale Regulation beim Down-Syndrom durch Gaumenplatte. Sozialpädiatrie 1 (1982) 10–17

Castillo-Morales, R.: Die orofaziale Regulationstherapie. Pflaum, München 1991

Chilla, R., P. Kozielsky: Die eingeschränkte Beweglichkeit der Zunge, Ursache oder Symptom kindlicher Sprachstörungen? HNO 26 (1973) 203–205

Clausnitzer, R., V. Clausnitzer: Zusammenhänge zwischen Dysgnathien und dorsaler bzw. apikaler S-Lautbildung. Stomatol. DDR 36 (1986) H. 11

Clausnitzer, R., V. Clausnitzer: Orofaziale Muskelfunktionstherapie – Die interdisziplinäre

Bedeutung verschiedener orofazialer Dysfunktionen und ihre Behandlung mit Hilfe der orofazialen Muskelfunktionstherapie (OMF), II. Kinderarzt 22 (1991) 815–820
Clausnitzer, R., V. Clausnitzer: Zusammenhänge zwischen Sigmatismus, fehlerhaften Schluckmodus und Zahn- und Kieferstellungsanomalien. Sprachheilarbeit 36 (1991) 14–17
Colletti, E. A., D. Geffner, Ph. Schlanger: Oral stereognostic ability among tongue thrusters with interdental lisp, tongue thrusters without interdental lisp and normal children. Percept. Mot. Skills 42 (1976) 259–268
Daglio, S., R. Schwitzer, J. Wüthrich: Orthodontic changes in oral dyskinesia and malocclusion under the influence of myofunctional therapy. Int. J. orofac. Myol. 19 (1993) 15–24
Dahan, J.: Orale Stereognose und neuromuskuläre Dynamik des Kausystems. Fortschr. Kieferorthop. 42 (1981) 233–246
Dahan, J.: Orale Wahrnehmung und Motorik. Fortschr. Kieferorthop. 46 (1985) 442–460
Engelke, W., D. Engelke, R. Schwestka: Zur klinischen und instrumentellen Untersuchung motorischer Zungenfunktionen. Dtsch. zahnärztl. Z 45 (1990) 11–16
Fish, L.: Oral form discrimination and tongue thrust swallowing. Int. J. Myol. 1 (1975) 5–20
Frank, F., E. Brauneis: Beeinflussung der Sprache durch Zahnstellungsanomalien. Sprachheilpädagoge 3 (1973) 23–36
Franke, U.: Naschraten. Theraplay J. 6 (1992)
Franke, U.: Artikulationstherapie bei Vorschulkindern. Diagnostik und Didaktik. Reinhardt, München 1993
Freiesleben, D.: Die Myofunktionelle Therapie als unterstützende Maßnahme in der Sprachtherapie. Sprachheilarbeit 35 (1990) 23–29
Fröschels, E: Über die Beziehung der Stomatologie zur Logopädie. Z. Stomatol. 12 (1914) 241–262
Garliner, D.: Myofunctional Therapy in Dental Practice. Bartel, New York 1974
Garliner, D.: Myofunktionelle Diagnose und Therapie der gestörten Gesichtsmuskulatur. Nachweis der Notwendigkeit der Behandlung an Hand von Beispielen aus dem „Institute for Myofunctional Therapy in Coral Gables, Florida“. Verlag Zahnärztlich-medizinisches Schrifttum, München 1980
Garliner, D.: Treatment of the open bite, utilizing myofunctional therapy. Fortschr. Kieferorthop. 43 (1982) 295–307
Garliner, D.: Myofunktionelle Therapie in der Praxis. Gestörte Gesichtsmuskulatur und die Folgen – Diagnose, Planung und Durchführung der Behandlung. Verlag Zahnärztlich-medizinisches Schrifttum, München 1989
Gaspar, H.: Die Indikation zur Tonsillektomie im Kindesalter aus heutiger Sicht. Laryngol. Rhinol. Otol. 63 (1984) 203–205
Gieske, K., J. L. Berten, J. Tränkmann: Die myofunktionelle Therapie als präventive und unterstützende Maßnahme bei der kieferorthopädischen Überwachung und Behandlung. Prakt. Kieferorthop. 2 (1988) 31–38
Graf-Pintus, B., D. Garliner: Myofunktionelle Therapie bei Lippen-Kiefer-Gaumen-Spaltträgern. Fortsch. Kieferorthop. 48 (1987) 207–214
Haberfellner, H., B. Haffner: Gestörte Mundfunktion im Kindesalter. Päd. Prax. 1979/80, 22
Hahn, V.: Myofunktionelle Therapie. Ein Beitrag zur interdisziplinären Fundierung aus der Sicht der Sprachbehindertenpädagogik. Profil, München 1988
Hahn, V: Orale Stereognose. In Berndsen u. Berndsen: Neuromotorische Koordinationsstörungen und Auswirkungen auf die orofaziale Muskulatur. Lang, Frankfurt/M. 1991 (S. 76–86)
Hannig, Ch., A. Wuttge-Hannig: Stellenwert der Hochfrequenzkinematographie in der Diagnostik des Pharynx und Ösophagus. Röntgenpraxis 40 (1987) 358–377
Jones, B., M. W. Donner: Normal and abnormal Swallowing. Imaging in Diagnosis and Therapy. Springer, Berlin 1991
Kittel, A. M., F. Jenatschke: Myofunktionelle Therapie (MFT) bei Dysfunktionen der Zungen-, Kiefer- und Gesichtsmuskulatur. Sprache-Stimme-Gehör (1984) 113–116
Klein, J. C.: Nasal respiratory function and craniofacial growth. Otolaryng. Head Neck Surg. 112 (1986) 343
Kramer, J.: Der Sigmatismus: Ursachen und Behandlung, 3. Aufl., Antonius, Solothurn 1988
Langen, D.: Die orofazialen Dyskinesien in medizinisch-psychologischer Sicht. Zahnärztl. Welt 89 (1980) 50–53
Lleras, B., L. Müller: „MFT kann auch Spaß machen“, GRUMS (Heidelberger Gruppenkonzept für myofunktionelle Störungen). Forum Logopädie 1 (II/1993) 11–13
Lleras, B.: Tasten, Schmecken, Riechen. Die Bedeutung der Wahrnehmung bei der Behandlung myofunktioneller Störungen. L.O.G.O.S. interdisziplinär 1 (1993) 32–34
Lleras, B.: Die Myofunktionelle Therapie (MFT). In Franke, U.: Artikulationstherapie bei Vorschulkindern. Diagnostik und Didaktik. Reinhardt, München 1993

Logemann, J.: Evaluation and Treatment of Swallowing Disorders. pro-ed, Austin/Texas 1983

Mayrhofer-Krammel, U.: Okklussionstörungen und deren kieferorthopädische Therapie. Sprachheilpädagoge 2 (1989) 7–21

Mertensmeier, I.: Wenn Kinder dicke Backen haben ..., Kieferorthopädie und manuelle Lymphdrainage. L.O.G.O.S. 1 (1993) 29–31

Mitteldorf, V.: Das Phänomen Zungenpressen (tongue-thrust) – ein gemeinsames Problem der Kieferorthopädie/Zahnmedizin und Sprachheilpädagogik/Logopädie. Sprachheilarbeit 30 (1985) 165–172

Moss, M. L.: Funktionelle Schädelanalyse und die funktionelle Matrix. Kieferorthop. 34 (1973) 48–63

Müssig, D.: Zungenfehlfunktionen bei Säuglingen und Kleinkindern. Pädiatr. Prax. 40 (1990) 33–42

Müssig, D.: Mund-Raum-Funktion. In Berndsen u. Berndsen: Neuromotorische Koordinationsstörungen und Auswirkungen auf die orofaziale Muskulatur. Lang, Frankfurt/M. 1991

Nadoleczny, M.: Die Sprach- und Stimmstörungen im Kindesalter. In: Handbuch der Kinderheilkunde 8. Vogel, Leipzig 1912

Neumann, S.: Physiologie des Schluckvorganges. In Bartolome et al.: Diagnostik und Therapie neurologisch bedingter Schluckstörungen. Fischer, Stuttgart 1993

Novoselac, M.: Die behinderte Nasenatmung und dentofaziale Entwicklung. ORL 11 (1988) 151–156

Nusser-Müller-Busch, R.: Diagnostik und Therapie neurologisch bedingter Schluckstörungen. Forum Logopädie 1994, H. 3

Orth, H., R. Block: Die Beeinflussung orofazialer Funktionen durch die Wirbelsäulenhaltung. Kinderarzt 9 (1987)

Padovan, B.: Die Schluckfehlfunktion. Myotherapeutisches Training bei Zungenfehlfunktionen: Diagnose und Therapie. Ortodontia 9 (1976) H. 1 und 2

Padovan, B.: Entwicklung der Bewegung als Grundlage für Sprache. Weleda Nachrichten 148, 1982

Padovan, B.: Myotherapeutisches Behandlungskonzept bei orofazialen Störungen. In Berndsen u. Berndsen: Neuromotorische Koordinationsstörungen und Auswirkungen auf orofaziale Muskulatur. Lang, Frankfurt/M. 1991

Palmer, J.: Tongue thrusting: a clinical hypothesis. In J. Speech Hearing Disord. 27 (1962) 323–333

Piehslinger, E., W. Bigenzahn, R. Celar, R. Slavicek: Diagnostik orofazialer Dysfunktionen mit Hilfe der elektromagnetischen Artikulographie. Z. Stomatol. (im Druck)

Rieder, K.: Grundlagen der Artikulation – Grundbegriffe der Phonetik. In Aschenbrenner, H., K. Rieder: Sprachheilpädagogische Praxis. Jugend und Volk, Wien 1983

Ringel, R. L.: Orale sensation and perception: a selectiv review. ASHA Rep. 5 (1970) 188–206

van Riper, Ch., O. C. Irwin: Artikulationsstörungen. Marhold, Berlin 1976

Schalch, F.: Schluckstörungen und Fazialislähmung, Therapeutische Hilfen. Fischer, Stuttgart 1994

Schärli, A. F.: Dysphagie im Kindesalter. Therap. Umsch. 48 (1991) 182–186

Scholz, F., J. Arnold, E. Chapmann: Die Frühbehandlung der Zungen- und Lippendysfunktionen beim Morbus Down mit Stimulationsplatten. Fortsch. Kieferorthop. 44 (1983) 54–56

Schönle, P.W.: Elektromagnetische Artikulographie. Springer, Berlin 1988

Schröter-Morasch, H.: Klinische Untersuchung der am Schluckvorgang beteiligten Organe. In Bartolome et al.: Diagnostik und Therapie neurologisch bedingter Schluckstörungen. Fischer, Stuttgart 1993

Schumacher, G. H., H. Schmidt: Anatomie und Biochemie der Zähne, 3. Aufl. Fischer, Stuttgart 1983

Schwestka-Polly, R., W. Engelke, D. Engelke: Bedeutung der elektromagnetischen Artikulographie bei der Untersuchung der motorischen Zungenfunktion im Rahmen kieferorthopädischer Diagnostik. Fortschr. Kieferorthop. 53 (1992) 3–10

Sergl, H. G.: Psychologie der Lutschgewohnheiten. Fortschr. Kieferorthop. 46 (1985) 101–112

Slavicek, R.: Clinical and instrumental functional analysis for diagnosis and treatment planning, Part. 7: Computeraided axiography. J. clin. Orthodont. 22 (1988) 776–787

Stone, M., T. H. Shawker: An ultrasound examination of tongue movement during swallowing. Dysphagia 1 (1986) 78–83

Straub, W. J.: Malfunction of the tongue, Part II: The abnormal swallowing habit: its causes and effects and results in relation to orthodontic treatment and speech therapy. Amer. J. Orthodont. 47 (1961) 596–617

Struck, V.: Sprechwerkzeugkiste. Steiner, Leverkusen 1990

Thiele, E.: Vom Zungenkämpfer zum Schluckmeister. Verlag Zahnärztlich-medizinisches Schrifttum, München 1986

Thiele, E., R. Clausnitzer, V. Clausnitzer: Myofunktionelle Therapie aus sprechwissenschaftlicher und kieferorthopädischer Sicht. Hüthig, Heidelberg 1992

Thiele, E.: Myofunktionelle Therapie in der Anwendung. Hüthig, Heidelberg 1992

Tränkmann, J.: Orofaziale Dyskinesien. Zahnärztl. Prax. 33 (1982) 474–484

Tränkmann, J.: Kieferorthopädische Mißerfolge nach übersehenen orofazialen Dyskinesien. Fortsch. Kieferorthop. 49 (1988) 388–399

v. Treuenfels, H.: Über die Relation von Dysgnathien, Haltungsfehlern und Deformitäten der Wirbelsäule, 2 Teile. Dent. Rev. (1985) H. 4: 13–30; Heft 5: 24–30

Uttenweiler, V.: Durch die Haut geschaut. Funktionelle Diagnostik mittels Ultraschall. L.O.G.O.S. interdisziplinär 2 (1993) 122–125

Waldeyer, A.: Anatomie des Menschen, Bd. II. de Gryter, Berlin 1965

Wein, B., S. Klajman, W. Huber, W. H. Döring: Ultraschalluntersuchung von Koordinationsstörungen der Zungenbewegung beim Schlukken. Nervenarzt 59 (1988) 143–158

Wein, B.: Ein neues Verfahren zur 3D-Rekonstruktion der Zungenoberfläche aus Ultraschallbildern. Ultraschall Med. 11 (1990) 306–310

Wein, B., W. Angerstein, S. Klajman: Darstellung der Bewegungsfolgen des Schluckvorganges mittels Sonographie und Röntgenvideofluoroskopie. Sprache-Stimme-Gehör 17 (1993) 65–67

Wein, B., W. Angerstein, S. Klajman, R. Zimmermann, H. Skopnik: Zungensonographie und Druckmessungen beim Säuglingssaugen. Erste Ergebnisse. Klin. Pädiatr. 205 (1993) 103–106

Wohlleben, U.: Logopädische Therapie bei Lippen-, Kiefer- Gaumenspalten – ein Ansatz funktionellen Muskeltrainings. Sprache-Stimme-Gehör 11 (1987) 119–121

Wuttke-Hannig, A., Ch. Hannig: Die Physiologie des Schluckaktes. Therapeut. Umsch. 48 (1991) 144–149

Sachverzeichnis